MW01708024

Miss Frizz

Des ailes aux pieds

Biographies

L'auteur : Lia Celi vit en Italie. Elle aime les livres, les gâteaux, les chats et les films en noir et blanc. Ses trois enfants se demandent comment elle trouve le temps d'être journaliste, traductrice et auteur, parce qu'elle en a toujours pour cuisiner et faire le ménage !

L'illustratrice : Sophie Lebot est née à Rennes. À 18 ans, des pinceaux dans les cheveux et des pastels plein les poches, elle est venue à Paris pour apprendre le dessin. Depuis, cette petite femme fluette, pipelette et assez coquette vit dans l'Oise, et passe son temps à illustrer des albums et des romans, publiés aux éditions Milan et Lito.

L'éditeur remercie vivement Émilie Polidor,
entraîneur de patinage artistique, diplômée d'état BEES 1er degré,
pour sa relecture attentive.

Titre original : Ice Magic – *Con le ali ai piedi*

Dépôt légal : janvier 2011
ISBN : 978-2-7470-3074-8
Loi n° 49-956 du 16 juillet 1949 sur les publications destinées à la jeunesse.
Imprimé en Espagne chez Novoprint

Lia Celi

Miss Frizz

Des ailes aux pieds

Traduit de l'italien par Florence Nahon
Illustrations de Sophie Lebot

bayard jeunesse

Ma famille

Mon groupe de patinage, les Perce-Neige

1. Le miroir de la reine

J'en ai marre de mon frère ! Marre de lui et de son réchauffement climatique !

– OK. Je t'accompagne à la Magic, p'tite sœur, m'a dit Alex. Mais on y va comme moi je veux : donc, rollers et piste cyclable. C'est le mois de décembre le plus chaud du siècle et les rollers sont le moyen de transport le plus écolo… avec les pieds. À moins qu'il n'y ait que sur la glace que Miss Frizz daigne patiner ?

Pourtant Alex sait bien que, sur des roulettes, je suis beaucoup moins à l'aise que sur des lames. Il sait bien que, dans deux jours, j'ai le spectacle de Noël et qu'il vaudrait mieux que j'y arrive entière. Il sait aussi que Max, le directeur de la *Magic Ice School*, mon école de patinage artistique, déteste les rollers et se met hors de lui lorsqu'il croise un élève avec ces machins-là aux pieds. Encore plus, deux jours avant le spectacle de Noël !

Mais surtout, Alex sait parfaitement que je vais accepter. Parce que, quand son grand frère la provoque et la traite de petite frimeuse, Ada Turin (c'est moi) ne peut que relever le défi !

Et voilà, ça ne rate pas : je suis en train de me casser la figure ! À cause d'Alex. Je me suis retournée un instant pour lui faire une grimace et je viens de buter contre le bord du trottoir devant la Magic, pile au moment où le directeur en sortait.

Je vais atterrir juste sous son nez, c'est sûr.

J'ai une fraction de seconde pour lui montrer qu'au moins je sais tomber correctement. C'est la première chose que m'a apprise Élisa, ma prof de patinage artistique :

1) Ne pas s'opposer. Plus on tente de résister, plus la chute est mauvaise.

2) Redresser la tête pour ne pas la heurter.

3) Essayer de tomber sur le côté, pour que les muscles des cuisses et des bras amortissent la chute. Éviter à tout prix que ce soit les poignets, les coudes ou les genoux qui encaissent le choc.

4) Sourire.

Et BAM ! Ça y est ! Aïe, aïe, aïe ! Je suis tellement sonnée que je vois des petites étoiles ! Mais non, ce ne sont que les mini-ampoules de la guirlande lumineuse « Joyeuses Fêtes » installée à l'entrée de l'école !

Bon, il ne me reste plus qu'à appliquer la règle numéro 4. Cela s'avère non seulement difficile, mais surtout absurde. Pourquoi devrais-je sourire à une paire de chaussures ? Celles du Boss (c'est comme ça que nous surnommons le directeur), immobiles à deux pas de moi. Bizarrement, il ne me hurle pas dessus... Est-il possible qu'il ne m'ait pas remarquée ? Peut-être est-il trop absorbé par ses pensées de directeur archidébordé ? Les tout derniers préparatifs pour le spectacle, sa énième dispute avec le responsable des sports à la mairie, ou le départ toujours pas digéré de son fils Pierre, qui a choisi d'être médecin volontaire au Togo plutôt que d'aider son père à la Magic.

Avec un peu de chance, Max va m'enjamber et continuer son chemin. Et moi, j'échapperai à un sale quart d'heure. Tu parles ! Il m'a parfaitement vue. Il a aussi vu les rollers. Mais il ne hurle toujours pas. Il se penche même vers moi d'un air inquiet : « Ça va ? Fais voir. Tu arrives à bouger ? » Je suis si abasourdie devant tant de gentillesse que je continue à sourire. Je vais peut-être m'en tirer, après tout. Heu... pas vraiment ! Lorsque Max constate que je n'ai rien, cet espoir s'évanouit aussitôt :

– Ada ! Si tu veux vraiment te casser le cou, fais-le sur la glace, au moins ! Pas pour t'amuser bêtement sur des... des... des roulettes ! Et, de préférence, APRÈS le spectacle de Noël, bon sang de bonsoir !

Aujourd'hui, c'est la deuxième fois que j'entends « Bon sang de bonsoir ! » et « Noël » dans la même phrase.

La première, c'était il y a une heure, quand papa s'est égosillé :

– Non et non, on ne t'accompagnera pas à cette satanée Magic ! Ta mère ne peut absolument pas quitter la boutique, et moi, je dois enfourner mes derniers kouglofs à l'orange... Quand même, on n'a pas idée de programmer un spectacle le jour de Noël, bon sang de bonsoir !

À Noël, tout le monde est plus aimable, sauf les directeurs comme Max, et les pâtissiers comme papa.

Je raconte tout ça à mes amis du cours des Perce-Neige, tandis que nous attendons notre professeur, assis sur le bord de la patinoire.

– Au fond, je comprends mon père, je conclus. Un spectacle à Noël, c'est la barbe ! Ce jour-là, les gens normaux restent tranquillement chez eux, en famille.

Violette, qui vient d'enlever ses protège-lames, refait sa queue de cheval roux carotte :

– C'est justement ça qui est chouette avec les spectacles de Noël à la Magic ! Tu ne risques pas de tomber sur des personnes normales. Seulement des gens à part, comme nous !

Sa grande sœur Rebecca est championne régionale de patinage artistique et la star des spectacles de la Magic. Alors, depuis qu'elle est née, Violette passe tous ses Noëls ici.

– Pour moi, dit Vickie, c'est une chance d'avoir le spectacle de patinage en décembre et pas en juin, comme pour les cours de musique et de danse. Ce serait l'enfer de devoir en préparer trois en même temps !

– Ben, pour moi aussi, c'est une chance, intervient Marius. Sans ça, mes vacances de Noël seraient encore plus nulles.

Gloups ! j'avais oublié : ses parents sont séparés depuis peu, et ce Noël ne sera sans doute pas pour lui le jour le plus joyeux de l'année. J'échange un regard avec les autres tandis que Solène enchaîne maladroitement :

– Moi, ma mère adore prendre sa voiture pour venir au spectacle de Noël. C'est la seule période de l'année où elle n'a pas de contravention ! Elle dit que c'est la magie des fêtes.

Solène, ma meilleure amie, est si naïve que, parfois, elle peut paraître un peu niaise. Mais il ne faut pas se fier aux apparences. Elle est comme sa mère Déborah, qui, malgré ses allures de coquette un peu fofolle, est ceinture marron de kung-fu, redoutable aux cartes et… super forte pour garer son 4x4 n'importe où (surtout là où c'est interdit) !

Magic Ice School, ça signifie « École de la magie de la glace ». C'est un nom plutôt bien trouvé, parce que mon école a une piste de glace épaisse de dix centimètres. Même avant le réchauffement climatique, impossible de voir ça ailleurs, sauf dans les machines à granita du glacier : chez nous, il ne fait jamais très froid.

D'accord, la magie n'a rien à faire là-dedans. La glace de la patinoire est produite par un engin appelé « compresseur ». La vraie magie, c'est plutôt que, dans un endroit aussi froid, je me sente au chaud, comme chez moi. Ici, trois fois par semaine, je peux faire ce que j'aime le plus au monde ! C'est-à-dire patiner ! Et puis, je retrouve mes amis du cours des Perce-Neige : Solène, Violette, Vickie et Marius. Et aussi Élisa, notre prof, qui est l'une de mes adultes préférées.

La voilà justement qui vient à notre rencontre, complètement euphorique. Elle a les joues rouges et les yeux qui brillent d'excitation. Les jours qui précèdent le spectacle, Élisa travaille deux fois plus, mais s'amuse quatre fois plus.

– Ça y est, j'ai fini les essais avec les Oursons ! J'ai l'impression qu'ils sont plus souvent par terre que debout, ces bambins, mais ils sont trop craquants !

Elle se tourne vers moi :

– Alors, Ada, Max m'a dit pour ton genou. Tu as mal ? Tu as mis de l'arnica ?

– Oui, oui, Élisa. Tout va bien.

– Tant mieux ! Ça aurait été vraiment dommage que tu ne puisses pas participer au spectacle cette année. Je dois dire que le numéro des Perce-Neige est vraiment réussi.

Marius passe en flèche derrière son dos :

– Ben, vas-y, dis que ta chorégraphie est géniale !

– Ma foi, je n'en suis pas mécontente… Mais c'est surtout l'histoire qui est belle. Tout le mérite revient donc à son auteur, Andersen. Et aussi à Moussorgski, qui a composé *Tableaux d'une exposition*, la musique que nous avons utilisée. Allez, assez parlé : tous en place !

Le thème du spectacle de cette année est *La reine des neiges*, conte dans lequel la petite Gerda doit effectuer un long voyage pour retrouver son ami Kay. Il a été capturé par la reine des neiges, qui a durci son cœur avec un morceau de son miroir glacé.

Chaque groupe de niveau exécute une scène de l'histoire. Kay et Gerda sont interprétés par Rebecca et Antoine, les meilleurs élèves du cours avancé, les Aurore. C'est notre « couple d'or ». Ou plutôt *c'était*, car, durant l'été, Rebecca a eu une poussée de croissance impressionnante. Maintenant, elle est beaucoup plus grande qu'Antoine, et, quand ils patinent ensemble, on dirait Blanche-Neige qui danse avec Simplet.

Ils sont en train de s'échauffer de l'autre côté de la patinoire avec Agathe, leur entraîneur.

Agathe, c'est tout l'opposé d'Élisa : elle est blonde, peu souriante, hyper exigeante et, paraît-il, ambitieuse. Son regard gris acier semble vouloir transpercer chaque élève pour y découvrir un jeune talent à lancer. Agathe patinera aussi pendant le spectacle : elle interprétera la reine des neiges. Elle est parfaite pour ce rôle : avec elle comme professeur, on devient bon, c'est sûr, mais dur et cassant comme de la glace.

Le numéro des Perce-Neige s'appelle *Le miroir de la reine*. Chacun de nous représente un fragment du miroir. Au début, nous patinons en synchrone, puis la musique devient plus rapide, et nous nous éloignons très vite les uns des autres, avec des changements de direction, en alternant pivots et petits sauts : c'est le miroir qui se casse.

Aujourd'hui, pour la répétition générale, nous avons mis notre costume de scène : un ensemble argenté, parsemé de grandes paillettes scintillantes. Vu des gradins, avec les lumières qui se reflètent, l'effet sera impressionnant. À en croire Élisa, ça rend tellement bien que nous risquons tous sept ans de malheur !

La chorégraphie met en valeur tout ce que nous avons appris jusqu'à présent. La vraie difficulté tient au fait que nous devons l'exécuter ensemble, dans l'harmonie la plus parfaite…

Cela dit, ce n'est pas un hasard si Élisa a imaginé ce numéro pour notre cours. Nous, les Perce-Neige, nous formons un petit groupe très uni. C'est d'ailleurs en partie grâce à elle. Elle ne nous a jamais mis en compétition les uns avec les autres. Bien sûr, il y a des différences de niveau. Je sais que je suis moins bonne que Solène et meilleure que Violette. Marius, lui, sait qu'il est meilleur que nous toutes. Mais nous n'en sommes pas moins soudés pour autant. Et nous le serons toujours !

Nous prenons place sur la glace, et la musique démarre. C'est le moment que je préfère : nous cinq, en cercle, dos à dos, qui tournoyons comme un seul et même élément. Solène, Violette, Vickie, Marius et moi : le miroir est intact ; tout n'est que paix, amitié et harmonie.

– Plus droits, les bustes ! nous reprend Élisa. On dirait une équipe de hockey !

La musique accélère, un coup de cymbales retentit. Le miroir de la reine s'est brisé, et ses fragments volent en éclats, semant la haine et la tristesse. Chacun d'entre nous s'élance vers l'extérieur de la piste. Nous nous croisons, puis nous éloignons de nouveau, toujours plus vite.

Nous avons déjà tellement répété que mon corps sait exactement comment se mouvoir. Je peux mettre mon cerveau en veille et savourer la caresse de l'air froid sur mon visage, le léger bruissement des lames sur la glace, la sensation d'être sans poids, de voler.

– Ada, attention, tu perds le rythme !

Bon, je ferais peut-être mieux de rallumer mon cerveau… Le Boss est en train de nous observer depuis les tribunes, et j'aimerais bien me faire pardonner ma lamentable chute de tout à l'heure.

La musique s'atténue. Cinq paires de patins freinent en même temps… Plus exactement : quatre paires de patins et une paire de fesses.

– Violette !

– Désolée, Élisa ! J'étais en train de me dire : « J'y arrive, waouh, c'est génial ! » et puis… j'ai raté le freinage !

Sa sœur, Rebecca, déjà en costume de Gerda, la regarde d'un air supérieur. Violette lui répond par une grimace.

Nous reprenons. Cette fois-ci, ça marche comme sur des roulettes, enfin… façon de parler ! Élisa semble satisfaite :

– Bon, j'ai l'impression que vous êtes au point. Nous pouvons passer aux traditionnelles dernières recommandations avant le spectacle…

– On les connaît par cœur, dit Violette. Ne pas se coucher trop tard…

– Ne pas se réveiller trop tôt pour ouvrir les cadeaux…, poursuit Solène.

– Ne pas se goinfrer le 24 au soir…, ajoute Vickie.

– Ni le 25 à midi, bien sûr ! renchérit Marius.

– Et surtout, pas de champagne ! dis-je pour finir.

Élisa soupire :

– Je sais que, pour vous, le spectacle de Noël est un sacrifice. Enfin, plus pour vos parents que pour vous… Et c’est la raison pour laquelle vous donnerez le meilleur de vous-mêmes : pour qu’ils comprennent que ça en vaut la peine.

Mes parents le comprendront, en effet. C’est toujours comme ça. Ils râlent 364 jours par an (« Et ça nous coûte les yeux de la tête, cette école de patinage ! Sans parler de toutes ces heures prises sur ton temps de travail scolaire ! L’année prochaine, c’est décidé, tu fais de la natation ; c’est un sport bien plus complet… »), mais, quand ils sortent du spectacle de Noël, ils sont tout émus : ils ont le sourire aux lèvres, les yeux humides, et ils jurent qu’ils me laisseront patiner tant que j’en aurai envie.

Seulement, voilà : aujourd’hui, ce n’est pas le jour du spectacle. Et, quand Alex me ramène à la maison (en bus, cette fois), maman et papa ont les yeux tout ce qu’il y a de plus secs.

– Alors, tu es tombée en dehors de la Magic ? Avec ce que nous payons pour l'assurance si jamais tu te fais mal sur la glace !

– C'est moi qui l'ai convaincue d'y aller en rollers, intervient Alex. Je voulais faire son éducation écologique, la sensibiliser à une mobilité respectueuse de l'environnement.

– Merci bien, mais, pour l'éducation d'Ada, ton père et moi n'avons nul besoin d'aide, rétorque maman, qui vient juste de fermer la pâtisserie.

Attention, nos parents sont très chouettes. Un peu brusques, c'est tout. Ils disent que trop de sucre, ça gâte les pâtisseries… Alors, imaginez un peu pour les enfants !

2. Après-midi surprise

Lorsque nous étions petits, mon frère et moi passions les vacances de Noël chez mamie Bon-pied. Mes parents avaient trop à faire avec la boutique pour s'occuper de nous. Pour eux, les fêtes de fin d'année sont une période très chargée. Dans notre ville, tout le monde dit qu'un réveillon n'est pas vraiment un réveillon si on ne sert pas, à la fin du repas, des douceurs provenant de notre pâtisserie-salon de thé, La Viennoise. Et, lorsqu'ils viennent, les clients résistent rarement à la tentation de goûter sur place une de nos spécialités. Donc, dès les premiers jours de décembre, papa s'enferme dans son laboratoire (c'est comme ça qu'on appelle les cuisines dans une pâtisserie), et maman se poste derrière le comptoir, au milieu de piles de papiers cadeau et de rouleaux de rubans dorés. Quant à Mirka, notre serveuse, elle prépare non-stop des cafés et des chocolats chauds pour la foule exténuée par les achats de Noël qui vient faire une petite pause à La Viennoise.

En réalité, mamie Bon-pied s'appelait Léonie et elle nous adorait. Nous la surnommions ainsi pour la différencier de notre autre grand-mère, mamie Cloche-pied, qui marche avec une canne depuis qu'elle s'est cassé le fémur. À part ça, elle se porte comme un charme, tandis que mamie Bon-pied est morte il y a trois ans... Elle avait un cœur en or, mais, hélas, il était trop fragile.

Mamie Cloche-pied a tout de suite mis les choses au clair : il était hors de question qu'elle nous garde au risque de se casser l'autre fémur en nous courant après ; et puis, elle, à mon âge, elle était déjà une petite femme qui aidait ses parents et préparait trois fournées de biscuits avant d'aller à l'école. Une fois, durant la guerre, elle avait oublié les biscuits dans le four et avait dû rester à la maison pour en faire d'autres. Justement, ce matin-là, son école a été la cible d'une bombe. Sans ces biscuits à refaire, elle serait sans doute morte, et pourtant elle s'en plaint encore !

Bref, voilà pourquoi, depuis trois ans, Alex et moi passons les vacances de Noël entre la maison et La Viennoise, c'est-à-dire entre le rez-de-chaussée et le premier étage, puisque nous habitons juste au-dessus de la pâtisserie.

L'année dernière encore, nous restions surtout là-haut : on faisait nos devoirs, on jouait à la console, on se disputait, on regardait à la télé le *Crystal Circus*, un super show sur glace qu'ils retransmettent chaque année durant les fêtes. Et puis on descendait à la pâtisserie pour boire un chocolat à la cannelle et observer les clients jusqu'à ce que maman perde patience et nous renvoie à l'étage.

Cette année, les choses ont changé. Alex, qui a bientôt quinze ans, donne un coup de main à papa. Moi, j'aide maman à emballer les pâtisseries et je tiens la caisse quand Mirka s'absente pour livrer des cafés dans les bureaux voisins.

Mirka est albanaise. Elle est diplômée en chimie, mais elle dit qu'elle gagne mieux sa vie comme serveuse ici que comme chimiste en Albanie. C'est la seule chez moi qui s'intéresse au patinage. Elle suit toutes les compétitions et elle sait tout des champions, français et étrangers. Elle n'a jamais raté aucune de mes représentations et, pour une simple spectatrice, elle s'y connaît drôlement bien en patinage. Elle est même capable de distinguer un Ina Bauer d'un grand aigle, alors que, pour mes parents, il n'y a que deux positions : « debout » et « par terre ».

En cet après-midi du 27 décembre ennuyeux au possible, je suis assise à côté d'elle, derrière le comptoir du salon de thé. J'aime bien l'observer : on dirait une jongleuse qui, d'une main, vide le lave-vaisselle, et de l'autre, dévisse le filtre de la machine à café.Après chacun de mes spectacles, je lui demande son avis, parce qu'elle remarque souvent des choses qui ont échappé aux entraîneurs eux-mêmes.

– Alors, qu'as-tu pensé de *La reine des neiges* ?

– C'était très bien, me répond-elle avec son petit accent. Rebecca a encore amélioré sa technique. Elle a réussi toutes ses réceptions. Mais elle ne m'a pas semblé *se corder* bien avec Antoine. Voilà votre café viennois, madame.

– S'accorder, tu veux dire ? Tu as raison. Depuis quelque temps, elle préfère patiner seule. Elle dit qu'Antoine « n'est plus à la hauteur, au sens figuré comme au sens propre ». Et à part Rebecca… ?

– Les petits étaient vraiment très beaux, tous habillés en fleurs…, continue Mirka.

Pff ! C'est toujours comme ça : aux spectacles, le public ne prête attention qu'aux Aurore, parce que ce sont les meilleurs (normal, ce sont les plus vieux !), et aux Oursons, parce qu'ils sont trop mignons. Et nous, les Perce-Neige, on compte pour du beurre !

Mirka sourit ; elle fait exprès de me tenir en haleine.

– Et vous, vous avez été très bons, ajoute-t-elle finalement. Toi plus que les autres.

– Tu dis ça juste pour me faire plaisir.

– Non, pas du tout. C'était un bonheur de te voir. On lisait sur ton visage : « Je suis en train de patiner avec mes amis, et ça me rend heureuse. »

– Et qu'as-tu lu sur les visages des autres ? Sur celui de Marius, par exemple ?

Mirka réfléchit, tout en saupoudrant de

cacao un cappuccino mousseux à souhait :

– J'ai lu : « Je suis en colère, mais, quand je patine, ça m'aide à donner le meilleur de moi-même. »

– C'est exactement ça ! Il était fâché contre son père qui n'est même pas venu le voir, alors qu'ils ne vivent plus ensemble depuis cette année. Son père ne supporte pas que son fils unique ne fasse pas « un vrai sport de garçon ». En tout cas, ça ne l'empêche pas d'être de plus en plus doué, notre Marienko !

– Marienko ?

– On l'appelle comme ça parce que son patineur préféré, c'est Evgeni Plushenko, le champion russe. Et que racontait le visage de Violette ?

– « D'accord, je ne suis pas aussi bonne que ma sœur. Et après ? »

– Tu es incroyable ! Comment réussis-tu à lire comme ça sur les visages ?

– Quand je suis arrivée ici, j'avais du mal à comprendre ce que disaient les gens. Alors, je les observais. Les visages ne sont jamais muets. Regarde, par exemple, cette dame qui vient d'entrer. Elle est en train de penser : « Quelle folle, cette serveuse qui parle toute seule ! »

Je me lève, passe la tête au-dessus du comptoir et m'exclame :

– Elle n'est pas folle, elle parle avec moi !

La cliente écarquille les yeux, puis, avec un sourire embarrassé, elle commande un thé au citron.

À cet instant, maman revient du laboratoire avec un plat de croissants aux amandes.

– Ada, plutôt que de papoter avec Mirka, pourquoi tu ne t'avances pas dans tes devoirs ?

Très bien, je vais tâcher de résoudre un problème de maths de mon invention :

Ada, élève de CM2, passe ses vacances de Noël chez elle. Sachant que :

a) elle perdra 1/5 de son temps à faire ses devoirs, 2/7 à se disputer avec son frère et 3/10 à regarder des rediffusions à la télé,

b) elle ne peut pas patiner parce que, jusqu'au 4 janvier, la patinoire de son école de glace est ouverte uniquement aux mineurs accompagnés, et que les rares adultes qui pourraient l'y emmener sont débordés,

c) sa meilleure amie est partie ce matin pour une station de ski ultra-chic,

Comment Ada fera-t-elle pour ne pas mourir d'ennui avant le 5 janvier, date de la reprise des cours ?

Ma mère a dû lire dans mes pensées, car elle vient vers moi et me prend dans ses bras :

– Adinette (oui, c'est le petit nom qu'elle me donne…), si tu veux, demain, nous irons au centre commercial.

– Oh, mamouchka (c'est celui que je lui donne, moi…), j'ai une meilleure idée. Si nous allions toutes les deux à la Magic ? Tu loues une paire de patins et je t'apprends, d'accord ?

Ma mère lève les yeux au ciel :

– Tu veux m'apprendre à faire rire la galerie, oui ! Voyons, Ada, si je me casse une jambe, qui va s'occuper de la boutique ? Toi, peut-être ?

– Insouciante jeunesse ! soupire à voix haute la dame au thé au citron (à qui on n'a pourtant rien demandé). De nos jours, ils ne pensent qu'à s'amuser !

Ma mère lui adresse un sourire forcé en réponse. Eh oui, le client a toujours raison, même quand c'est une madame De-quoi-j'me-mêle !

À ce moment-là, Alex émerge du laboratoire, enlève ses sabots et dénoue son tablier couvert de taches.

– Maman, je sors !

Je bondis vers ma doudoune :

– Je viens avec toi !

– Je te signale que je vais voir une exposition sur les changements climatiques, me lance-t-il, pas au ciné !

– Et alors ? Moi aussi, j'ai besoin de changer de climat ! J'en ai marre ! Pourquoi tu peux sortir quand tu veux, et pas moi ?

– Tu veux un conseil, p'tite sœur ? La prochaine fois, arrange-toi pour naître en premier..., me répond-il en enfilant son blouson.

Et le voilà parti. Qu'est-ce qu'il peut m'énerver quand il prend son air supérieur !

Furieuse, je me réfugie derrière le comptoir, sous l'imposant portrait de l'impératrice Sissi qui trône dans la pâtisserie, parce que, selon maman, « elle évoque si bien Vienne ».

Ah, si seulement j'y étais, à Vienne ! À

cette période de l'année, ça doit être magnifique…

Il est quatre heures de l'après-midi, et le salon de thé commence à se remplir. C'est un défilé ininterrompu de dames élégantes, de familles et… de jeunes filles. Plein de jeunes filles qui rigolent entre copines, qui n'arrêtent pas d'envoyer des SMS, qui font des projets pour le Nouvel An, en se goinfrant de beignets. Je leur souhaite de tout mon cœur de retrouver la trace de ces beignets demain, sous la forme d'un gros bouton d'acné sur leur joli minois !

Mais le pire, ce sont les gens qui voient ma tête d'enterrement derrière les strudels, les tartes Sacher et autres merveilleuses pâtisseries de mon papa, et qui s'exclament :

– Quelle chance tu as, petite, de passer toute la journée au milieu de ces délices !

Eh bien, moi, je préférerais avoir aussi peu de chance que Solène, qui en ce moment doit être en train de skier avec d'autres enfants aussi malchanceux qu'elle. Ensuite, ils iront sans doute boire un chocolat chaud dans un refuge, et ce soir ils participeront à une fête dans le salon de l'hôtel du Cheval Blanc ou ils iront patiner à la lumière des flambeaux… Les pauvres !

Je m'imagine si bien Solène à la montagne que j'ai l'impression de la voir, là, devant moi, dans sa doudoune argentée, qui me sourit et me dit : « Surprise ! »

Je me frotte les yeux : mais non, je ne rêve pas !

– Solène ? Tu n'es pas au ski ?

– Eh non ! s'écrie-t-elle. Papa et Caridad ont la grippe.

Solène est accompagnée de Déborah, sa maman, habillée à la dernière mode comme toujours. Elle est à peine plus jeune que ma mère, mais on dirait la grande sœur de Solène.

– Mari et gouvernante cloués au lit avec de la fièvre, vacances annulées en catastrophe… L'horreur, quoi ! raconte-t-elle à ma mère. J'ai besoin de faire un peu de shopping pour me remonter le moral. Ça ne t'ennuie pas si je te laisse Soly une petite demi-heure pour qu'elle joue avec Ady ?

Elle peut prendre toutes les pâtisseries qu'elle veut ; comme ça, le problème du dîner de ce soir est réglé.

Et, sous les yeux de maman effarée, elle glisse un billet de vingt euros dans la main de mon amie, tandis qu'un homme furieux surgit à l'entrée de la pâtisserie en braillant :

– À qui appartient le 4x4 noir, garé en double file ?

– Oh, désolée, j'arrive tout de suite, répond Déborah d'une voix fluette.

Il la regarde et se radoucit aussitôt :

– Prenez votre temps, mademoiselle… heu… madame.

Une minute plus tard, Solène est en train de choisir les pâtisseries les plus caloriques de la vitrine.

– Ta mère ne parlait pas sérieusement au sujet du dîner, hein ? demande maman.

– J'espère bien que si ! s'exclame Solène, le sourire aux lèvres. Caridad n'est pas en état de cuisiner et, quand Déborah fait à manger, c'est une véritable catastrophe !

Solène appelle sa mère par son prénom ; ça me fait toujours un drôle d'effet.

Nous montons quatre à quatre à l'étage et nous nous installons dans la cuisine avec les pâtisseries et deux canettes d'orangeade.

– Tu te rends compte, Ada ? Depuis qu'on se connaît, c'est la première fois qu'on se voit pendant les vacances de Noël !

– On dirait presque que tu es contente de ne pas aller à la montagne !

Ma remarque semble la surprendre :

– Bien sûr, puisqu'on peut être ensemble. Et puis, ta maison est tellement belle !

Cette fois-ci, c'est à moi de m'étonner :

– Belle ? Tu as vu la tienne ? Elle a été photographiée pour des revues de décoration... Moi, ta baignoire, j'en rêve la nuit !

– Et moi, de ton lit-mezzanine !

Nous éclatons de rire et manquons de nous étouffer avec des miettes de pâte feuilletée.

Nous sommes si contentes d'être là, toutes les deux, seules dans la maison ! On a un peu l'impression d'être des ados ; alors, comme celles que j'observais tout à l'heure, on s'amuse à imaginer les fêtes de Nouvel An qu'on pourrait organiser dans les endroits les plus beaux du monde.

– Que dirais-tu de Tahiti ?

– Bof, tout le monde veut y aller. Moi, je pencherais pour la Norvège ; j'ai toujours rêvé de patiner sur un lac.

– Allons plutôt à New York ! Il paraît que la patinoire de Central Park est sublime…

Nous nous taisons lorsque nous entendons quelqu'un nous appeler du bas de l'escalier. Je me tourne vers mon amie.

– C'est déjà ta maman, tu crois ? dis-je, inquiète.

– Non ! Elle n'a pas encore eu le temps de dévaliser les boutiques… Ce ne serait pas la voix de Violette ?

Et Violette apparaît sur le seuil de la cuisine, chargée elle aussi d'une assiette de pâtisseries et d'une orangeade.

– Gagné ! Hé, hé ! s'écrie-t-elle.

Décidément, cet après-midi ennuyeux devient de plus en plus amusant ! Notre amie pose son goûter sur la table et se met à débiter d'une traite :

– Rebecca avait besoin de sous-vêtements. Alors, ma mère et moi l'avons accompagnée au centre commercial… Mais c'est toute une histoire : il lui faut une heure pour choisir un soutien-gorge ! Heureusement, nous avons croisé ta maman, Solène, qui parlementait avec un agent de police. Elle m'a dit que vous vous la couliez douce ici… Et je n'ai pas eu de mal à convaincre ma mère de me déposer. Humm… cette tarte Sacher est à tomber ! C'est une recette de ton grand-père autrichien, Ada ?

– Lui, autrichien ? Non ! Mon arrière-grand-père a juste été prisonnier en Autriche durant la guerre. Un des soldats qui le gardaient était pâtissier à Vienne et il lui a appris ses meilleures recettes. Mon arrière-grand-père les a notées dans un cahier, et, quand il a été libéré, grand-papy Valentin a décidé de transformer sa vieille boulangerie en pâtisserie. Nous l'avons encore, son cahier ; c'est un trésor de famille.

– À propos de cahiers, qui a commencé ses devoirs ? demande Violette. Moi, je n'ai même pas ouvert mon cartable... Je parie que Vickie, elle, a déjà tout fini.

– C'est vrai, dit soudain quelqu'un à la porte de la cuisine. Mais je n'en avais pas beaucoup et puis je n'avais que ça à faire.

Nous nous retournons. Incroyable !

– Vickie ?!

Elle nous observe, l'air un peu soupçonneux, comme si elle croyait que nous ne nous étions pas réunies par hasard, et que nous avions voulu la tenir à l'écart.

– Maman devait emmener mon frère chez le pédiatre. Puisque nous passions par ici, j'ai voulu dire bonjour à Ada...

– Et ta mère a sauté sur l'occasion pour se débarrasser de toi, conclut Violette. Ça doit être une épidémie. Ben, tant mieux pour nous ! Alors, les filles, quel est le cadeau le plus nul que le Père Noël a déposé dans vos petits souliers ?

Je commence la liste :

– Un puzzle de cinq cents pièces sur

l'histoire romaine. À la dixième pièce, j'avais déjà envie que les Barbares débarquent !

Solène poursuit :

– Moi, le coffret de « Princesses sur glace ». Je l'avais déjà, évidemment.

– Moi, un calendrier avec des photos de chatons, continue Vickie. Les images sont jolies, mais qu'est-ce qu'ils veulent que je fasse d'un calendrier ?

– Et moi, une Barbie patineuse, conclut Violette avec une grimace. La sixième, pour être précise… Comme si, à dix ans, on jouait encore à la poupée !

Elle esquisse un petit sourire malicieux et ajoute :

– À part Solène, bien sûr…

En guise de réponse, Solène enfile sa paille dans la canette de Violette, et siffle toute son orangeade.

– Vous savez la seule raison pour laquelle je regrette de ne pas être allée à la montagne ? enchaîne-t-elle. C'est de ne pas pouvoir patiner dans la station. La patinoire est tellement belle après le coucher du soleil, tout illuminée aux flambeaux ! Et puis, il y a un DJ qui met de la super bonne musique.

Cela me donne une idée :

– On n'a qu'à le faire ici ! Sur le parquet du salon ! Il vient d'être ciré. Aidez-moi à déplacer le canapé…

Je sors quatre paires de grosses chaussettes de ski du placard de l'entrée, j'éteins la lampe du salon, j'allume la guirlande clignotante du sapin de Noël, je lance ma compilation préférée, et c'est parti ! Bon, le résultat ressemble plus à une piste d'autos tamponneuses qu'à une patinoire… mais c'est encore plus drôle !

Hélas, rapidement, la sonnerie de l'interphone retentit : c'est ma mère.

– Qu'est-ce que vous fabriquez, là-haut ? Les clients me demandent si nous avons ouvert un dancing.

– Ne t'inquiète pas, maman ; les porcelaines sont à l'abri.

– Bon, tes amies doivent descendre. Leurs mamans sont là.

– Les filles, c'est l'heure ! dis-je d'une voix morne.

Mon annonce est accueillie par un chœur de protestations.

– Déjà ? s'écrie Violette.

– Dommage que Marius n'ait pas été là, regrette Vickie en remettant ses chaussures. Il doit être tout seul chez lui.

– Peut-être que ses parents ont fait la paix, intervient Solène, et qu'ils sont partis tous ensemble en vacances !

Pourquoi pas, en effet ? À Noël, tout peut arriver. En ce moment, à la télé, il y a au moins deux films par jour sur le thème : « Le Père Noël réconcilie les parents séparés. » Ceux de Marius devraient peut-être regarder ces films. Ou peut-être que c'est Marius qui ferait mieux de ne pas les regarder…

À la porte de La Viennoise, Vickie et Violette retrouvent leurs mamans respectives. Rebecca arbore son habituelle mine renfrognée et un sac d'une boutique de

lingerie à la mode. Le petit frère de Vickie, un adorable poupon rose dans une combinaison bleu turquoise, dort dans sa poussette.

– Dire qu'il va falloir attendre encore dix jours avant qu'on se revoie toutes ! soupire Violette.

Solène et moi nous retrouvons en tête à tête : toujours pas de Déborah en vue...

– Elle doit être en train de chercher une place pour se garer, dis-je à mon amie.

En guise de réponse, elle me tend son portable ; il y a un SMS :

> Ai perdu mon ticket de parking.
>
> Arrive dès que je peux.
>
> À +.

Nous nous regardons, radieuses.

– Maman ! Solène peut rester pour le dîner ?

3. Une étrange nouvelle

Aujourd'hui, c'est la rentrée. J'ai du mal à croire que la robe que je viens d'enfiler m'appartient. On dirait une chemise un peu longue, mais avec des manches trop courtes.

Dans le miroir de l'entrée, je vois maman qui passe derrière moi :

– Oh, Adinette, qu'est-ce que tu as grandi

pendant les vacances ! Heureusement que les soldes commencent.

En effet, il n'y a pas que cette robe qui est trop petite ; tous mes vêtements me serrent un peu. Seules mes bottes me vont pile poil. Normal : avant Noël, je nageais dedans.

Pourtant, quand je me regarde, j'ai l'impression d'être toujours la même : visage rond, yeux marron et cheveux châtain clair à la racine qui – allez savoir pourquoi ! – deviennent blonds et bouclés sur les pointes ; les mêmes, d'ailleurs, que ceux de papa et d'Alex.

J'ai parfois l'impression que mes cheveux sont comme moi : indécis. Qu'ils ne savent pas encore quel chemin prendre. Quand j'aurai choisi ce que je veux faire plus tard (patineuse, dessinatrice ou pâtissière ?), peut-être mes cheveux choisiront-ils une couleur et une forme.

En attendant, pour avoir une belle chevelure, il faut en prendre soin. C'est du moins ce que prétend Solène, qui se fait des

« masques capillaires » et qui a une crinière digne d'une publicité pour démêlant. Vickie, elle, a les cheveux aussi souples que les miens, mais les siens ne changent pas de couleur à mi-parcours ; moi, on dirait que j'ai emprunté ma queue de cheval à quelqu'un d'autre. Cela dit, c'est la coiffure la plus rapide et la plus pratique, et c'est celle que j'adopte ce matin tandis que maman me presse :

– Dépêche-toi, ma chérie ! Ton père t'attend dans la voiture.

D'habitude, je vais à l'école en bus avec Alex, qui continue ensuite vers le lycée. Mais le lundi, jour de fermeture de La Viennoise, c'est papa qui m'emmène avant d'aller faire des courses en ville. C'est royal ! Un quart d'heure de voiture, sur le siège avant, à l'écouter se disputer avec son « navigateur satellitaire », comme il l'appelle. Qui est d'ailleurs une navigatrice, vu qu'elle a une belle voix féminine.

« Après le rond-point, prenez la deuxième à gauche », conseille-t-elle.

– Merci bien, madame, mais moi, ici, j'y suis né et je connais les routes comme ma poche ! s'exclame mon père.

Et il tourne dans une petite rue à droite avant le rond-point.

– Papa, pourquoi as-tu acheté un GPS si tu ne fais jamais ce qu'il t'indique ?

– Parce que j'aime bien les défis. Tu sais, comme les gens qui jouent aux échecs contre les ordinateurs. En passant par là, on arrive plus vite… Ça alors ! Nom d'un p'tit bonhomme ! Depuis quand ont-ils mis ce sens interdit ?

Papa fronce les sourcils, fait demi-tour et prend… la deuxième à gauche après le rond-point.

Bientôt, on passe devant la Magic.

– Pas trop déçue qu'on n'ait pas pu t'emmener patiner durant les vacances ? me demande papa.

– Oh, je n'ai rien raté, tu sais. C'était plein d'idiots qui venaient faire les intéressants sur la piste. Violette y est allée et elle s'est enfuie au bout de cinq minutes !

Pourquoi le Boss ne laisse pas entrer que les patineurs bien élevés ?

– Parce qu'il n'y en a pas assez. Pour faire tourner une école de glace, il faut beaucoup d'argent, y compris celui des gens mal élevés. À la Magic, ils auraient besoin d'un sponsor. Ça résoudrait leurs problèmes.

– Et pourquoi tu ne te proposerais pas ? Imagine, ce serait trop beau : « Pâtisserie La Viennoise, sponsor officiel de la *Magic Ice School* »…

Papa s'esclaffe :

– Moi, j'aimerais bien ! Ça voudrait dire que La Viennoise est une entreprise millionnaire. Mais, pour le moment, je vais me contenter de sponsoriser Miss Frizz, ma patineuse préférée ! À ce soir, ma chérie !

Je descends de la voiture garée devant l'école, juste au moment où Solène arrive avec Caridad, sa gouvernante. Contrairement aux autres Perce-Neige, qui sont dispersés dans différents établissements, Solène et moi sommes dans la même école. Mieux : dans la même classe ! Comme il y a peu de collèges dans notre ville, peut-être serons-nous tous réunis quand nous passerons en sixième.

– Allez, Sol, dépêche-toi… Ça vient de sonner !

Nous franchissons le portail et, sur le parking, nous découvrons une énorme voiture gris métallisé. La porte arrière s'ouvre : une dame et une fille grande et élancée, un cartable bleu à la main, s'en extirpent.

– Qui c'est, celle-là ? murmure Solène.

Je n'en ai pas la moindre idée. Mais, avec ses jambes longues et fines sous un élégant manteau à carreaux, ses cheveux blonds et lisses retenus par un serre-tête et son petit visage sérieux, elle ressemble à une collégienne de manga.

La dame dit quelque chose à l'homme au volant et se dirige vers l'entrée d'un pas décidé. La fille, elle, n'a pas bougé. Elle regarde autour d'elle.

– Ulrike ! l'appelle la dame.

Elle enfile son cartable et la suit sans le moindre enthousiasme.

– C'est sûrement une étrangère, commente Solène, tandis que nous traversons le hall. Je me demande dans quelle classe elle est.

– Sans doute en CM2, comme nous, vu sa taille.

Nous arrivons dans la cour : elle est déserte !

– Mince ! Ils sont déjà montés !

Nous nous élançons dans les escaliers en direction de notre salle de classe, frappons à la porte et entrons en nous excusant. Notre maîtresse, Mme Lemaire, lève les yeux vers nous :

– Vous vouliez prolonger un peu les vacances ?

J'entends des rires étouffés. C'est le club de danse qui jubile.

Celles-là, elles sont toujours ravies quand Solène et moi nous faisons gronder. Elles nous méprisent, soi-disant parce que le patinage est beaucoup moins élégant que la danse classique. Mais ce n'est pas la vraie raison. Jusqu'en CE1, Solène suivait les mêmes cours qu'elles dans une école de danse très chic. Et puis, une fois, elle est venue à la Magic avec moi et elle a adoré. La danse ne l'intéressait plus : elle a rangé ses chaussons roses au fond de son armoire, et Anaïs, Rose et Clarisse l'ont pris comme une insulte.

Depuis, elles sont toujours sur notre dos.

Au début, elles se moquaient en nous appelant « les phoques ». Maintenant, nous sommes les « gros derrières » parce que, selon elles, le patinage fait ressortir les fesses. Mais je préfère encore avoir nos grosses fesses que leurs cervelles étriquées…

– Silence ! ordonne la maîtresse. Et vous deux, allez vous asseoir.

Oui, mais où ? La maîtresse a changé l'emplacement des tables. À présent, elles sont disposées en U, et il ne reste plus de places pour que Solène et moi soyons côte à côte. Ma copine s'assied donc à droite de David, qui est amoureux d'elle depuis le CE1. À voir sa tête, on dirait qu'il vient de remporter le gros lot de la tombola. Moi, je n'ai pas gagné au change ; je me retrouve à côté de Soupette (Charlotte de son vrai nom), qui est très sympa, mais qui a tendance à beaucoup transpirer et à sentir la soupe à l'oignon (je déteste la soupe à l'oignon).

Soupette me pousse du coude.

– Tu as vu ? Il y a encore une place libre, me fait-elle.

C'est bizarre, en effet, parce que personne n'est absent. Je devine alors à qui cette chaise vide est destinée… et je ne résiste pas à l'envie de m'amuser un peu. Je ferme les yeux, je me mets le bout des doigts sur les tempes et je murmure en prenant un air très concentré :

– J'ai une vision… Ce banc est pour une nouvelle élève… Une fille grande, mince… blonde, aux cheveux… longs…

Soupette ouvre des yeux ronds : elle hésite à me croire.

Je continue :

– Elle porte un serre-tête et une paire de ballerines noires. J'arrive même à voir son prénom. Ça commence par U… Ursula… Non, Ulri…

– J'ai une annonce à vous faire, déclare la maîtresse, avec une pointe d'excitation dans la voix. À partir d'aujourd'hui, vous aurez une nouvelle camarade de classe. Elle devrait arriver d'un moment à l'autre ; je compte sur vous pour bien l'accueillir.

Elle se dirige vers le tableau et note de sa belle écriture cursive : *Bienvenue, Ulrike !* Soupette est stupéfaite. On entend frapper à la porte. La gardienne passe la tête :

– Madame Lemaire, voici la nouvelle élève.

Je n'ai jamais déménagé ; par conséquent, je n'ai jamais été la nouvelle, celle qui débarque en milieu d'année, et j'espère que ça ne m'arrivera pas. Ça ne doit pas être agréable de se retrouver seule devant une vingtaine d'inconnus qui vous scrutent dans les moindres détails.

Mais Ulrike n'a pas l'air impressionnée.

– Des applaudissements pour Ulrike, réclame la maîtresse, qui obtient de la classe quelque chose qui ressemble à un bruit d'œufs cassés.

Puis elle continue :

– Ulrike est française, mais elle a vécu plusieurs années en Allemagne, dans une ville qui s'appelle Leipzig...

Là, soudain, des cris d'admiration et de vrais applaudissements se font entendre. Mes camarades sont pris d'une espèce de frénésie : le club de danse s'est transformé en véritable poulailler, certaines filles font semblant de s'évanouir...

– Eh bien, quel accueil ! se réjouit la maîtresse. On dirait que vous êtes très renseignés sur votre nouvelle camarade. Anaïs, si tu expliquais à la classe ce qui nous vaut cet accès d'enthousiasme ?

– Leip... Leipzig, c'est la ville de Théo et Will Kavitz, balbutie-t-elle, les chanteurs du groupe *Kiss Not Kill* !

Ce n'est vraisemblablement pas ce à quoi s'attendait Mme Lemaire. Ulrike, en revanche, ne paraît pas surprise : elle laisse échapper un soupir de résignation.

– Ah oui, je vois..., reprend notre maîtresse. Mais il y a aussi autre chose

concernant Ulrike… Quelqu'un le sait-il ? Oui, Solène ?

Depuis une minute, mon amie me fait des gestes bizarres : elle agite un crayon dans les airs de gauche à droite.

Rouge et embarrassée, elle se lève :

– Son père est un célèbre chef d'orchestre. Mais… je ne me souviens pas de son nom.

Le club de danse ricane.

– Il s'appelle Philippe d'Aurécourt, précise la maîtresse. C'est un artiste que le monde entier nous envie. J'ai chez moi plusieurs disques de concerts dirigés par lui.

Elle explique ensuite que le père d'Ulrike anime un stage de direction d'orchestre dans le conservatoire de notre ville. Puis Ulrike va s'asseoir à sa place, à côté du club de danse, qui l'accueille avec des tonnes de sourires.

– Elle est muette ? me demande Soupette. Ou bien elle fait sa crâneuse parce qu'elle connaît Théo et Will ? Tu n'aurais pas une autre vision, par hasard ?

– Elle est juste triste.

Cette réponse m'est venue comme ça, sans même que j'y aie réfléchi.

– Vickie me l'avait dit au téléphone, m'explique Solène dès que nous sortons en récré. Comme elle suit des cours de solfège et de piano au conservatoire, elle a assisté au cocktail organisé pour célébrer l'arrivée de Philippe d'Aurécourt. C'est seulement en classe que j'ai fait le rapprochement... Qu'est-ce que tu as à manger ?

Dans notre école, on déjeune plus tard que dans les autres établissements ; comme la matinée est longue, on apporte toujours un en-cas pour la récré du matin.

– J'ai un chausson poire-chocolat-amandes, *made in* La Viennoise. Et toi ?

– Une barre Nutacrock.

– On échange ?

Chez moi, des barres chocolatées, il n'y en a jamais ; seulement de bonnes choses préparées par mon papa le jour même ! Solène, qui a l'habitude de manger des cochonneries, se laisse de temps en temps tenter par une pâtisserie maison. Et moi, parfois, j'ai franchement envie d'un goûter industriel.

Je jette un coup d'œil en direction d'Ulrike. De quoi peut-elle avoir envie, elle ? Sûrement pas d'être traînée à droite et à gauche par Anaïs et compagnie, en tout cas. Comme elle les dépasse toutes d'une tête, je vois très bien son visage, sur lequel Mirka pourrait lire : « Cette récréation dure un peu trop longtemps à mon goût. »

– Tu as des cheveux magnifiques ! lui dit Rose en les caressant. Tu utilises un shampooing spécial ?

Ulrike a un mouvement de recul.

– Non, rien, répond-elle d'un ton sec. Heu… les tiens aussi sont beaux.

– Merci. Je les laisse pousser parce qu'à la danse mon chignon ne tient pas très bien. Tu sais, Anaïs, Clarisse et moi faisons de la danse classique depuis des années…

Pff ! Comme si elles étaient des étoiles de l'Opéra !

– Tu as vu ? dis-je à Solène. Il faut tout de suite qu'elles lui parlent de leurs cours de danse !

– Nous aussi, on va lui parler ! Viens.

Mon amie me prend par le bras et m'entraîne vers Ulrike. Le club de danse ne semble pas trop apprécier notre initiative.

– Je suis désolée de ne pas m'être souvenue du nom de ton papa, commence Solène. J'ai eu un trou de mémoire…

Ulrike esquisse un sourire poli :

– Ça n'a pas d'importance. Les chefs d'orchestre ne sont pas aussi connus que les chanteurs de rock.

J'interviens à mon tour :

– Dis-moi, Ulrike, qu'est-ce que tu penses de notre école ?

– Elle la trouve bien, elle nous l'a déjà dit, répond Clarisse.

– Je peux le répéter, ça ne me coûte rien, réplique Ulrike. C'est plutôt bruyant, mais ça me plaît. De toute façon, je ne resterai pas longtemps. Nous partirons dès que mon père aura fini sa mission au conservatoire.

– Oh, non ! Quel dommage ! gémissent les trois filles du club de danse.

– Tu es tellement sympa !

– Et si jolie !

– Et dire que tu as respiré le même air que les plus beaux chanteurs du monde !

Pitoyables !

J'aimerais en connaître davantage sur Ulrike, mais la sonnerie retentit, mettant fin à notre conversation.

En classe, pendant que certains récitent une poésie au tableau, j'observe Ulrike. Elle paraît plus âgée que nous, et ce n'est pas seulement parce qu'elle est grande. Elle a vraiment quelque chose de triste dans le regard. Peut-être la nostalgie de Leipzig…

4. Retour à la Magic

– Ada, ce ne sont pas des étirements qu'il te fallait aujourd'hui, c'est de l'antirouille ! s'exclame Élisa. On dirait que tu n'as pas patiné depuis un an. Tu vas devoir mettre les bouchées doubles ! La saison des compétitions approche.

Elle a raison. Mes pirouettes ne sont pas

terribles : après quatre ou cinq tours, je perds l'équilibre. Je n'arrive pas à passer un seul saut : je prends de l'élan avec les bras, je m'élève dans les airs, et là, mes jambes partent chacune de leur côté. Résultat : j'atterris tout de travers. Dire qu'avant Noël je me sentais déjà prête pour les sauts de deux tours !

C'est sûr, c'est à cause de mes patins. Ils sont devenus trop petits, comme le reste de ma garde-robe. Il faut vraiment que j'en change, bottines et lames. J'en parlerai à maman. Peut-être qu'il y a des soldes chez Sportrend. Même si les meilleures marques de patins ne sont jamais soldées…

C'est notre premier cours de patinage depuis la rentrée, et le spectacle de Noël semble déjà de l'histoire ancienne. Sur le panneau d'affichage dans le hall, le Boss a punaisé les photos et les articles que la presse locale a consacrés à *La reine des neiges*.

« La *Magic Ice School* nous offre encore une féerie de Noël », affirme un titre. « Une

Reine des neiges qui réchauffe les cœurs», clame un autre sous une photo de Rebecca exécutant une sautée allongée. (Violette voulait lui dessiner un chapeau de sorcière, une pustule sur le nez, et transformer le titre en: «La fée Carabosse aperçue le jour de Noël», mais nous l'avons arrêtée à temps.)

Comme à chaque retour de vacances, nous avons tous quelque chose de changé. Élisa, qui a passé une semaine en Martinique, a un beau bronzage doré. Moi, j'ai un nouveau body fuchsia avec de petites étoiles; Solène, un sac de sport argenté assorti à sa doudoune; Vickie, une barrette en strass; et Violette s'est fait percer les oreilles. Même Marius n'est plus tout à fait le même: il a un bandage à la main.

– Qu'est-ce qui t'est arrivé? lui a tout de suite demandé Solène.

– Rien, je me suis égratigné.

– Oh, oh! Marienko se serait-il trop vite jeté sur une paire de lames neuves dans ses chaussons au pied du sapin? a plaisanté Violette.

– Non, il s'est battu avec une petite rouquine boulotte qui fait des blagues débiles, a rétorqué Marius.

Violette allait aussitôt répliquer, mais Vickie lui a fait signe de laisser tomber.

À présent, Marius patine seul dans son coin : Élisa lui a donné la permission de s'entraîner de l'autre côté de la patinoire, à condition qu'il mette des protections de genoux et de poignets.

Nous le regardons tandis qu'il travaille sans relâche ses sauts préférés. Élisa le surveille du coin de l'œil.

– Quel drôle de petit gars..., murmure-t-elle. Plus il est malheureux, mieux il patine.

– Alors, en ce moment, il doit aller vraiment très mal, commente Violette.

Élisa soupire :

– Hélas, oui. Sa mère m'en a un peu parlé. Ces vacances ont été très dures pour lui ; ce sont les premières qu'il passait sans son père à la maison. Le soir du réveillon, de rage, il a donné un coup de poing dans la porte vitrée d'un meuble... Et, comme si ça ne suffisait pas, il vient juste de changer d'école.

– Encore ? s'étonne Solène.

– J'étais dans la même classe que lui en CE2, intervient Vickie. Ses parents ne s'entendaient déjà pas très bien, et, à l'école, c'était une vraie terreur. Il se mettait dans des colères pas croyables ! Du coup, ils avaient préféré le changer d'établissement en cours d'année. Mais moi, j'ai toujours été son amie.

– Avoue que, de temps en temps, il est insupportable, dit Violette.

Les jolis yeux gris-bleu de Vikie s'assombrissent :

– Il me fait de la peine ; personne ne pense à lui.

Marius continue à tournoyer tout seul. Il s'est apparemment libéré de tous ses soucis ; il vole, léger comme un papillon. On entend à peine le bruit de ses lames sur la glace.

Violette me donne un coup de coude :

– Si, quelqu'un pense à lui. Regarde comment la reine des neiges l'observe.

En effet, Agathe est postée sur les gradins ; ses yeux perçants suivent attentivement chacun des mouvements de Marius. Il s'en est aperçu, j'en mettrais ma main à couper. Il sait qu'elle peut faire de lui un champion et il est déjà tellement mal qu'il ne craint pas son intransigeance, sa dureté, sa froideur. Brrr ! Rien que d'y penser, j'en frissonne.

Le cours fini, Élisa s'arrête dans le bureau de Max tandis que nous nous dirigeons vers la sortie.

Dans le hall, Violette retrouve Rebecca, qui révise une leçon d'histoire, et leur mère, qui fabrique un énième filet à chignon. C'est son occupation favorite durant les longues heures passées à la Magic à attendre ses filles. Elle réalise des filets en résille et en offre à toutes les élèves.

Solène, elle, rejoint Caridad. Sa mère n'est pas venue la chercher, parce que, ce soir, « il y a burraco », nous apprend Caridad.

– « Burraco » ? C'est quoi ? Un fromage ? demande Violette.

– Mais non ! pouffe Solène. C'est un jeu de cartes ! Déborah est très forte. Elle ne loupe pas une seule partie ; elle dit que ça la fait maigrir.

– Elle maigrit en jouant aux cartes ?

– Oui, parce qu'elle y va à l'heure du dîner : comme ça, elle ne mange pas ! Allez, salut, les filles !

Aujourd'hui, c'est la maman de Vickie qui me raccompagne. Elle nous attend dans sa voiture.

– Tu veux qu'on te dépose, Marius ? propose Vickie, voyant que personne n'est encore arrivé pour ramener notre copain chez lui.

– Non, merci, je vais me débrouiller, marmonne-t-il.

Il est quand même drôlement courageux, Marius.

Nous nous apprêtons à sortir, quand un type, les bras chargés d'une pile de tracts, manque de nous rentrer dedans.

– Oh, pardon ! La secrétaire est encore là ? Je dois livrer ces photocopies.

– Non, mais vous pouvez me les confier, répond la maman de Violette.

Elle lui prend le paquet des mains et disparaît vers le bureau, en laissant tomber quelques feuilles. Je me penche et j'en ramasse une :

– Ce sont les invitations pour le *Magic Carnaval* !

Après le spectacle de Noël, le *Magic Carnaval* est l'événement le plus attendu de l'année. Le samedi suivant Mardi gras, à partir de 16 heures, la patinoire devient un dancing sur glace, réservé aux inscrits. Jusqu'à 20 heures, la piste est aux enfants, puis c'est au tour des grands. L'invitation donne le droit d'emmener avec soi un ami, à condition qu'il sache tenir sur des patins. Tout le monde se connaît ; on danse, on s'amuse sans danger, surveillés par les entraîneurs, eux aussi déguisés pour l'occasion.

Ce qui distingue notre carnaval d'une simple fête pour enfants, c'est le Gala

Surprise. L'un des trois niveaux présente un petit spectacle entièrement conçu par les élèves : chorégraphie, costumes, choix des musiques. L'année dernière, les Oursons s'en étaient chargés… Violette et moi nous écrions d'une seule voix :

– Cette année, c'est au tour des Perce-Neige !

– Gloups ! Nous avons moins d'un mois pour nous préparer…, constate Vickie.

– Ne comptez pas sur moi, dit Marius d'un ton sec. Je ne veux pas prendre du temps sur les entraînements pour les compétitions. Le Gala Surprise est une idiotie.

– Arrête de faire ton crâneur ! s'exclame Violette. À ton âge, Rebecca était plus forte que toi, et elle n'a jamais raté un Gala Surprise pour autant. Bon, il faut tout de suite trouver une chouette idée ! Hou là là ! Rien que d'y penser, j'ai déjà le cerveau en ébullition !

Du parking, on entend des coups de klaxon énervéseux aussi : la maman de Vickie commence à s'impatienter…

Quand je descends de la voiture de Vickie, devant La Viennoise, le rideau de la vitrine est à moitié baissé.

Alex vient d'arriver, lui aussi, son sac de piscine sur l'épaule. Il discute avec deux copines de classe, qui le regardent, béates, comme toutes les filles depuis qu'Alex ne ressemble plus à Bob l'éponge. (Jusqu'en quatrième, mon frère avait vraiment l'allure d'un cube avec des yeux bleus et des jambes maigrichonnes.) Maintenant qu'il va au lycée, sa cote de popularité est devenue presque gênante. Selon lui, c'est parce qu'il est dans une classe européenne avec beaucoup de filles, et que le peu de garçons qu'il y a semblent tout droit sortis de *La famille Adams*. (Ce n'est pas de la fausse modestie de sa part : j'ai vu ses camarades de classe ; en comparaison, Alex a l'air d'un mannequin.)

Je passe à côté de lui et je me faufile sous le rideau de fer en sifflotant une chanson d'amour. J'entends une de ses copines dire : « C'est ta sœur ? Elle est mignonne. » Et

l'autre : « Comme elle te ressemble ! » Eh non, les filles, vous vous plantez complètement : avec Alex, les compliments ne servent à rien ! Si vous voulez l'intéresser, il faut lui parler d'écologie. Demandez-lui plutôt de vous expliquer le pourquoi du comment du tri sélectif ou l'utilité de faire du compost avec des déchets organiques, et il ne vous lâchera pas jusqu'au lendemain.

À l'intérieur de la boutique, Mirka nettoie le sol et maman emballe les pâtisseries qui n'ont pas été vendues. Bientôt, un bénévole passera les chercher pour les servir en dessert aux personnes âgées du foyer situé pas loin de chez nous.

– Adinette, une copine de classe a téléphoné, m'apprend maman. Érica, non, Malika...

J'ouvre de grands yeux :

– Ça ne serait pas plutôt Ulrike ?

– Si, Ulrike ! Elle voulait te demander quelque chose à propos des devoirs. Elle a laissé son numéro ; je l'ai noté ici.

Je me précipite derrière le comptoir et je compose le numéro.

– Villa Duchesse, bonsoir. Camille à votre écoute…

– Heu… j'ai dû faire une erreur, je cherchais à joindre Ulrike d'Aurécourt.

– Oui, qui dois-je annoncer ?

– Ada Turin, s'il vous plaît.

– Très bien. Veuillez patienter un instant.

Un morceau de musique classique, que je reconnais tout de suite, retentit dans le combiné : c'est le *Canon* de Pachelbel, la musique que Carolina Kostner avait utilisée pour son programme court au Mondial de Tokyo ! Si je ferme les yeux, je revois ses fantastiques triples flips et ses triples boucles piqués parfaits. Je ne pourrai jamais atteindre ce niveau, c'est sûr.

Une voix au fort accent allemand interrompt brutalement ma rêverie :

– Allô ?

– Oh, bonsoir, madame d'Aurécourt. Je suis Ada, une camarade de classe d'Ulrike. Elle a cherché à me joindre et…

– *Che suis déssolée, mais en ce momente, Ulrike est occupée.*

À l'autre bout du fil, j'entends qu'Ulrike dit quelque chose en allemand à mon interlocutrice. Un *bip*, et je suis en ligne avec elle.

– Excuse-moi, j'appelle un peu tard. Ta maman avait l'air ennuyée.

– Ce n'est pas ma mère. C'est ma gouvernante. Ma mère a disparu l'année dernière.

– Disparu ? Et vous avez fait des recherches ?

Silence. Je voudrais rentrer sous terre. « Disparu », c'est une façon plus délicate de dire « morte ». Quelle gaffe !

– Ulrike, je suis désolée, je…

– Ce n'est pas grave, me coupe-t-elle. Merci d'avoir rappelé, mais je n'ai plus besoin d'aide. Rose m'a téléphoné et je lui ai demandé pour les devoirs.

– Eh bien, elles ne te laissent même pas tranquille en dehors de l'école, les trois inséparables du club de danse ! En fait, moi, j'étais à la patinoire. Tu sais, il y a une super école ici, la *Magic Ice School*. Tu n'allais jamais patiner à Leip… ?

– Excuse-moi, Ada, mais je dois te laisser, m'interrompt-elle encore. On se voit demain.

Clic.

5. Leçon d'amitié

Tous les étés, à la fête des Enfants qui a lieu au jardin des Oliviers, on organise une course à l'œuf. Chaque concurrent doit transporter un œuf dans une cuiller, le plus vite possible, jusqu'à la ligne d'arrivée. Mon œuf n'a jamais fait plus de la moitié du parcours.

Toutes mes tentatives pour devenir amie avec Ulrike ressemblent à mes courses à l'œuf. Je pars pleine de bonnes intentions, mais à mi-chemin, *paf!* l'œuf tombe, et soudain Ulrike devient distante. Je sens qu'elle m'aime bien, mais il y a quelque chose en moi qui la dérange. Si seulement je comprenais quoi !

Peut-être que je suis trop quelconque à son goût. Elle vit dans une résidence de luxe, elle a une voiture avec chauffeur, un père célèbre et une gouvernante qui s'occupe d'elle. Moi, je n'ai rien de spécial, je suis comme tout le monde. Et puis, Ulrike est distinguée : elle ne fait jamais de gestes exagérés, elle parle doucement et sans dire à tout bout de champ « ouais » et « c'est trop top ». Des baskets, elle n'en porte qu'aux cours de gym. Et en classe, elle est plus en avance que nous, surtout en anglais, en sciences, en informatique et en maths... bref, en presque tout.

« C'est ça, l'école allemande... », soupire la maîtresse.

La seule chose qui me console, c'est que le club de danse ne progresse pas plus que Solène et moi avec elle. Car, évidemment, il ne suffit pas d'être snob comme le sont Anaïs, Rose et Clarisse pour devenir son amie. Surtout qu'elles continuent à la soûler avec les *Kiss Not Kill*... Enfin, Ulrike nous a dit hier que nous pouvions l'appeler Uli : c'est déjà ça.

– Couleur ! s'exclame la maman de Solène, alors que nous passons en voiture le dernier carrefour avant la Magic.

Perplexe, je me tourne vers Solène.

– C'est un terme de poker, m'explique-t-elle, très calmement. C'est ce que disent les joueurs quand ils ont cinq cartes de la même couleur... Et ce que dit Déborah quand elle grille cinq feux rouges d'affilée.

– Cinq feux...

– Ils étaient encore un peu orange..., tente de me rassurer Déborah, en s'arrêtant devant la Magic. Allez, les filles, sortez : je suis en retard pour ma *french manucure*.

319 35E

ARMACIE

Ce soir, j'ai finale de burraco, et, si j'ai des ongles pareils, ils vont me jeter dehors... À tout à l'heure !

Tandis que le 4x4 noir s'éloigne, j'interroge Solène :

– Pourquoi ils ne lui permettraient pas de jouer ?

– Parce qu'avec des ongles longs, Déborah pourrait faire des petites marques sur les cartes pour indiquer à son partenaire ce qu'elle a en main, ce qui reviendrait à tricher. Au cercle de jeu où elle va, ils sont très stricts. La *french manucure*, ça te fait des ongles courts et naturels, et, selon ma mère, ça porte bonheur.

Hum, hum... Mieux vaut que je ne raconte pas à maman ces histoires de feux et de « french anti-triche » ; elle ne comprendrait pas. Peut-être même qu'elle ne me laisserait plus monter dans la voiture de Déborah ! Et ce serait vraiment dommage, parce qu'on y apprend beaucoup de choses intéressantes...

Dans les vestiaires, nous nous changeons en vitesse. Je me retourne et découvre Solène en train d'enfiler un justaucorps bleu turquoise et des leggins assorties :

– Tu as rendez-vous avec un Schtroumpf ?

– C'est pour la leçon d'amitié. Ce look devrait plaire à mes élèves.

Je tire de mon sac un petit sachet :

– Je pense qu'ils seront plus sensibles à ce genre d'arguments : des bonbons acidulés au bon goût de fruits !

La leçon d'amitié est un rituel inventé par Élisa : le temps d'un cours, les élèves plus âgés servent de professeurs aux plus jeunes. Cela permet d'encourager les débutants et de nous responsabiliser, nous les « grands ».

– Vous vous rappelez quand nous étions les petits ? demande Vickie.

– Et comment ! dis-je. J'ai appris ma première arabesque avec Rebecca.

– Oui, d'ailleurs je m'en souviens très bien, ajoute Violette. Elle t'a fait des tonnes de compliments, et je me suis mise à pleurer parce que j'étais jalouse.

Élisa nous désigne nos élèves ; nous en avons deux chacun. Ils ne semblent absolument pas intimidés. Pire : ils ont leurs préférences. Ils voudraient tous patiner avec le « super bon » (Marius) ou la « super belle » (Solène). Vickie et moi réussissons à amadouer les nôtres avec quelques bonbons, mais ceux de Violette (les terribles jumeaux Matteo et Alice) sont de vraies teignes. Lui se met à bouder et lance :

– Toi, t'es la grosse qui tombe toujours.

Et sa sœur en rajoute :

– Ouais, on ne veut pas être avec toi !

Violette ne se démonte pas. Elle respire à fond et dit :

– Génial, mon plan fonctionne à merveille.

– Quel plan ? l'interroge Alice, méfiante.

– Faire semblant de ne pas être bonne.

– Mais tu n'es pas bonne, affirme Matteo.

– Ah, tu crois ça ? Regarde.

Violette prend son élan et exécute un superbe boucle piqué. Les enfants en restent comme deux ronds de flan… et nous aussi.

Je lui chuchote à l'oreille :

– Comment t'as fait ? Tu ne le réussis jamais.

– C'est la rage qui m'a aidée, me répond-elle entre ses dents. Un peu comme Marius.

Alice revient à la charge :

– Mais pourquoi tu fais croire que tu es mauvaise, alors ?

Violette met un doigt sur sa bouche :

– Chut ! Il ne faut pas qu'on découvre ma véritable identité. En réalité, je suis Polarticus, du peuple de la Glace, envoyé par mon seigneur Freezmax pour ramener sur notre planète la princesse Glaciel, qui, dans votre monde, porte le nom d'Élisa…

Tandis qu'elle parle, Violette attire à elle les deux enfants et, tout doucement, elle les conduit sur la piste.

Sur le bord opposé, Marius s'exhibe dans un mini-show pour ses élèves agrippés à la balustrade. Solène, qui a deux filles, leur montre comment faire une tresse plaquée.

– Eh bien, en voilà, de drôles d'entraîneurs ! les gronde Élisa.

Cool

– Mais c'est pour qu'ils voient jusqu'où ils peuvent arriver s'ils s'en donnent la peine, se justifie Marius.

– Le look aussi, c'est important pour les patineuses ! se défend (mal) Solène.

Quoi qu'il en soit, leurs élèves semblent contents, alors que les miens et ceux de Vickie ont l'air de s'ennuyer ferme. Ils sont trop petits pour tenter autre chose que les citrons, et slalomer entre les quilles ne les amuse pas le moins du monde. Mais celle qui a le plus la cote, c'est Polarticus !

– Attention ! dit-elle à Matteo et à Alice, en les tenant chacun par le petit doigt. Maintenant, je vais vous transmettre l'énergie du peuple de la Glace.

Puis elle lâche brusquement leurs doigts et crie :

– Mais vous êtes en train de me la voler complètement. Rendez-la-moi !

Les petits s'enfuient en riant, poursuivis par Violette. Lorsqu'elle en attrape un, elle fait semblant d'aspirer l'énergie volée. Ainsi, sans s'en rendre compte, Matteo et

Alice mettent en pratique ce qu'ils ont appris et, quand ils tombent, ils se relèvent sans problème.

Clara, une de mes élèves, pointe le doigt vers Violette :

– Moi, je veux aller avec la rousse rigolote !

Au bout de cinq minutes, on joue tous ensemble, petits et grands, y compris la princesse Glaciel. Polarticus invente le jeu du pouvoir du Regard surgelant : dès qu'elle nous fixe, nous devons rester immobiles. Celui qui bouge sera conduit à la prison de glace. C'est comme le jeu des statues, mais sur la glace et en plus amusant.

Inquiètes de ne pas voir leurs enfants arriver dans les vestiaires, quelques mamans font leur apparition dans les gradins.

Élisa, rouge et toute décoiffée, regarde l'heure :

– Hou là là ! Nous sommes en retard de vingt minutes !

– Encore ! Encore ! implorent les petits.

– Je suis désolée, improvise Violette, mais je dois aller faire mon rapport à mon seigneur Freezmax. Je lui dirai que la princesse Glaciel se trouve bien là où elle est.

Alice lui prend la main :

– Excuse-moi pour tout à l'heure, tu es super forte, en fait…

Aujourd'hui, la maman de Marius est ponctuelle. C'est une femme plutôt jeune et jolie, mais elle est pâle et semble fatiguée. Je la vois dans le hall, qui discute à bâtons rompus avec maman. La présence de ma mère est presque un événement : d'habitude, à cette heure-ci, elle est occupée à la pâtisserie.

– Il faut bien que je me montre parfois, me dit-elle, sinon, à la Magic, ils vont finir par penser que tu n'as pas de parents.

Ce soir, c'est donc nous qui raccompagnons Solène. Dans la voiture, nous parlons du Gala Surprise. Il est temps de commencer à y travailler sérieusement, et les Perce-Neige doivent se réunir au plus vite.

– Attends… Mais je pars bientôt ! s'exclame Solène. Nous allons passer une semaine au ski. Ou plutôt deux, pour rattraper celle qui a été annulée à Noël ! Du coup, je vais revenir quelques jours à peine avant le Gala.

– Oh, non ! Il fallait que ça tombe cette année…

– Bah, au fond, ce n'est pas si grave. Je n'ai pas beaucoup d'imagination et je ne serai pas d'une grande aide pour concevoir le spectacle. Vous m'expliquerez ce que vous avez inventé à mon retour. Je vous fais confiance.

– Mais si ça ne te plaît pas ?

– Je ne serai pas difficile… La seule chose qui compte, c'est que ma tenue soit féerique. Tu me connais ! Si je suis mal habillée, je patine mal…

Après qu'on a déposé Solène chez elle, je demande à maman :

– De quoi tu parlais avec la mère de Marius ?

– La pauvre, elle est très éprouvée. Cette séparation est un cauchemar. Son mari trouve toujours de nouveaux sujets de dispute. Même à propos des cours de patinage.

– Ça, ce n'est pas nouveau ! Pour lui, un garçon devrait faire du foot ou du basket. N'importe quoi !

– Oui, mais tu sais, Ada, quand un couple se sépare, les petites incompréhensions deviennent énormes, surtout si elles concernent les enfants. Tu ne peux pas comprendre…

Non, en effet. J'ai deux parents qui s'aiment. Je ne peux pas comprendre ce qu'on éprouve quand ils se déchirent. Ou quand on a une gouvernante à la place d'une maman.

6. Amie proche, amie distante

Lundi matin, notre salle de classe est à moitié vide. C'est souvent le cas fin janvier. Entre ceux qui s'absentent pour partir au ski et ceux qui sont malades, nous sommes peu nombreux. Solène, elle, est à la montagne pour deux semaines. L'ambiance de la classe dans sa version « fonte des neiges » me plaît bien. On dirait un club privé. Et puis, avec toutes ces tables vides, on peut s'asseoir où l'on veut. Je m'approche d'Ulrike, plongée dans un livre, et je lui demande :

– Ça ne t'ennuie pas si je me mets à côté de toi ?

– Non, au contraire. Ça me fait plaisir.

Elle sourit. Quelle chance ! Combien de temps vais-je mettre avant de faire tomber l'œuf, cette fois-ci ?

– Avant, on allait au ski, nous aussi, dis-je en sortant mes affaires de mon cartable. Et puis, mes parents ont décidé d'agrandir La Viennoise, de renouveler le matériel du laboratoire... Et notre compte en banque a fondu. Pendant encore un an ou deux, on va devoir se serrer la ceinture.

– Serrer la ceinture ?

– Oui, renoncer aux dépenses inutiles, si tu préfères.

Eh bien, je suis en veine ce matin ! Ulrike me regarde avec intérêt :

– C'est étrange d'entendre une fille de ton âge parler de ces choses.

– C'est parce que mes parents nous expliquent tout, à mon frère et à moi. Tu sais, La Viennoise, c'est une entreprise familiale. Si on fait les sacrifices tous ensemble, ils paraissent moins durs.

Oh non ! Ulrike a soudain le visage triste. Mais elle ne se replie pas sur elle-même pour autant.

– C'est vrai, soupire-t-elle. Et, quand on n'est plus tous ensemble, même les choses les plus belles semblent tristes.

Pendant la récréation, Ulrike se dévoile davantage. Avant, elle allait souvent à la montagne. Son papa a un chalet en Suisse, où il aime se reposer entre deux concerts. Ulrike y passait Noël avec ses parents ; puis sa maman et elle s'offraient encore quelques jours, en tête à tête. Mais, l'année dernière, sa mère est morte. Une maladie terrible l'a emportée en peu de temps. Ulrike ne veut plus retourner dans le chalet. Même la neige la rend triste. « Quand on n'est plus tous ensemble, même les choses les plus belles semblent tristes… »

Nouveautés | Boîte de réception | Nouveau mail

Envoyer | Joindre | Brouillon | Orthographe | Annuler

À : SOL

Cc :

Objet : Coucou Sol !

Coucou Sol !

Comment ça va en haut des pistes ? Je parie que tu en profites un max. Nous, en classe, c'est plutôt tranquille. Depuis trois jours, Uli est ma voisine de table. Elle n'est pas très causante, mais ce n'est pas non plus l'iceberg qu'elle était au début. J'ai appris plein de trucs sur elle : elle est née à Chicago (elle a même la nationalité américaine !) et elle a vécu en Islande, à Milan, à Paris et à Leipzig. Tous ces déménagements lui ont appris à ne pas trop s'attacher aux endroits et aux personnes, parce qu'elle sait que, tant qu'elle vivra avec son père, elle devra le suivre dans ses déplacements. Sa mère était son unique point d'attache. Maintenant, après l'école, Uli passe tout son temps seule avec sa gouvernante, car son père est toujours très occupé. J'aimerais bien l'inviter chez moi et – pourquoi pas ? – l'emmener une fois à la Magic. Mais ne sois pas jalouse, ma meilleure amie, tu le sais bien, c'est TOI ! Je dois te laisser, Alex veut récupérer l'ordinateur. Je t'envoie les devoirs des derniers jours, comme ça, tu vois ce que tu rates et tu profites encore plus de tes vacances !

P.-S. : Cet après-midi, réunion des Perce-Neige chez moi pour discuter du Gala Surprise. Violette se prend déjà pour le metteur en scène. Pourvu que Marius ne fasse pas bande à part comme d'habitude.

– Et on peut savoir, *Mâdâme*, pourquoi ce serait toi le metteur en scène ?

Les Perce-Neige sont assis sur le tapis de ma chambre depuis à peine cinq minutes, et la première prise de bec entre Marius et Violette vient déjà d'éclater.

– Le fait est, *Môssieur*, que je suis le metteur en scène officiel de l'atelier théâtre de mon école. Mais, si tu te crois meilleur, je t'en prie, la place est libre !

– Tu plaisantes ! Je m'en fiche, de ton Gala Surprise ! D'ailleurs, tu sais quoi ? Je rentre chez moi.

Marius se lève, prêt à sortir de la pièce.

– Marius, s'il te plaît, ne fais pas ça ! implore Vickie.

Je me mets devant la porte :

– Ici, c'est ma chambre. On en sort seulement si je le veux. Et... heu..., en fait, j'ai décidé que le metteur en scène, ce serait moi ! Comme ça, tous les deux, vous arrêtez de vous disputer...

Maintenant, tous les Perce-Neige ont les yeux braqués sur moi. Je dois vite trouver une idée avant que Violette et Marius ne recommencent à se chamailler :

– Élisa dit toujours que, lorsqu'on crée un numéro de patinage, il faut avoir un point de départ et une musique. Un point de départ, j'en ai un… Et j'ai aussi la musique.

– Et ce serait quoi, ton point de départ ? demande Violette, sceptique.

– Heu… Solène voudrait une tenue de princesse.

Violette, Marius et Vickie éclatent de rire. C'est déjà ça.

– Elle ne changera donc jamais ! commente Vickie.

– Attendez un instant… C'est effectivement un début ! s'emballe Violette. Imaginez le scénario : une patineuse ultra-coquette, qui ne s'occupe que de son look…

– Si j'étais dans le jury de la compétition, je la démolirais, l'interrompt Marius.

Le visage de Violette s'illumine :

– … aux prises avec un juge impitoyable qui ne supporte pas les petites vaniteuses. Mais oui, ça pourrait coller ! Allons-y, au travail !

J'en profite pour intervenir :

– Bien sûr, dans la compétition, il y aurait d'autres patineuses, toutes très jalouses de la pimbêche et bien décidées à lui faire des misères…

– Pour blaguer, évidemment ! s'empresse de préciser Vickie.

– Et, à la fin, le pauvre juge perdrait la tête ! C'est génial ! s'exclame Violette.

Elle prend une feuille de son bloc-notes et écrit frénétiquement.

– Hé, Miss Frizz, tu as vraiment une musique, ou tu as dit ça juste pour empêcher notre futur juge de partir ? me demande-t-elle en faisant un clin d'œil à Marius.

Non, non, j'ai vraiment une idée sur la question. Depuis que je les ai entendues au téléphone lorsque j'ai appelé Uli, ces notes n'arrêtent pas de tourner dans ma tête.

– Je pensais au *Canon* de Pachelbel.

Vickie ouvre de grands yeux :

– Le morceau que Carolina Kostner a utilisé au Mondial de Tokyo ? Tu es folle !

– C'est parfait, au contraire ! s'enthousiasme Violette. C'est une musique tellement sérieuse et solennelle que notre petite princesse sur lames paraîtra encore plus ridicule.

Vickie fronce les sourcils :

– Je ne sais pas si Solène va vraiment apprécier... Au fond, on est en train de se moquer d'elle.

– Mais non ! réplique Violette. Et puis, ça lui apprendra à se la couler douce à la montagne dans les moments critiques.

Je souris :

– Ne t'inquiète pas, Vickie. Solène, j'en fais mon affaire. Ce qui compte pour elle, c'est sa tenue, non ? Je vais imaginer un costume tellement plein de volants, de paillettes et de rubans qu'elle sera trop contente d'avoir ce rôle !

Le dessin, c'est ma deuxième passion après le patinage. Si on y réfléchit, il y a des points communs entre ces deux disciplines : la pointe du crayon glisse sur le papier comme la lame du patin sur la glace. D'ailleurs, on dit que les qualités d'un patineur se voient aussi dans les traces qu'il laisse derrière lui.

Depuis l'année dernière, je dessine moi-même mes tenues de compétition. Maman et mamie Cloche-pied m'aident à les réaliser, et ça représente une belle économie. Tout le monde trouve que j'ai un certain talent de styliste, mais, pour l'instant, je n'ai d'inspiration que pour le patinage.

Ce matin, la maîtresse nous interroge sur une leçon de sciences. C'est le moment idéal pour faire les premiers croquis du costume de Solène. Je laisse le crayon courir sur la feuille. Trois ou quatre têtes se tournent dans ma direction : sans m'en rendre compte, j'étais en train de chantonner le *Canon* de Pachelbel !

Ulrike jette un œil sur mon dessin :

– C'est joli ! Qu'est-ce que c'est ?

– Un tutu. Pour un spectacle. Sur patins.

Silence. Je reprends, tout en continuant à crayonner :

– On donne une représentation pour le bal de carnaval de la *Magic Ice School.*

Une idée me traverse alors l'esprit :

– D'ailleurs, Uli, pourquoi tu ne viendrais pas nous voir ? Je peux inviter une personne, et je serais très contente que ce soit toi !

Pas de réaction. Je lève les yeux. Elle s'est à nouveau plongée dans le livre de sciences. C'est comme si, en l'espace d'une seconde, elle avait bâti un mur entre nous deux. J'essaie de l'escalader :

– Tu sais, ce n'est pas qu'un petit goûter de carnaval où tout le monde vient déguisé, on s'amuse vraiment ! Et ça me permettrait de te présenter mes amis, et aussi mon entraîneur, Élisa.

– Ada…

– Ah, j'ai compris ! Tu ne sais pas patiner. Mais, si tu sais skier, ne t'en fais pas, tu te débrouilleras. Allez, c'est décidé : aujourd'hui, je demande à maman d'en parler à ton père.

Ulrike ne bouge pas et pince les lèvres. Je continue sur ma lancée :

– Peut-être que tu vas découvrir que ça te plaît, et alors tu voudras t'inscrire dans mon école ! Ce serait sup…

– Arrête ! lâche-t-elle soudain à voix haute.

Toute la classe, maîtresse comprise, sursaute.

– Ada, cesse d'embêter Ulrike, me gronde Mme Lemaire.

Je deviens toute rouge et j'ouvre le livre de sciences. Je n'ai plus envie de dessiner.

C’est comme si j’avais reçu une claque sans raison. Ulrike écrit en vitesse quelque chose sur un bout de papier et me le passe. Je lis :

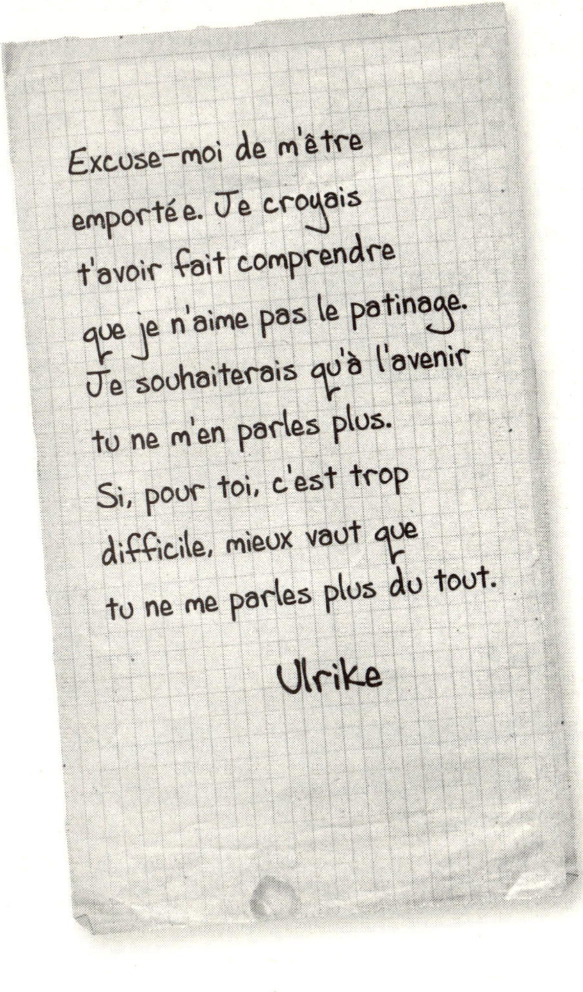
Excuse-moi de m'être
emportée. Je croyais
t'avoir fait comprendre
que je n'aime pas le patinage.
Je souhaiterais qu'à l'avenir
tu ne m'en parles plus.
Si, pour toi, c'est trop
difficile, mieux vaut que
tu ne me parles plus du tout.

Ulrike

Nouveautés | Boîte de réception | Nouveau mail

Envoyer | Joindre | Brouillon | Orthographe | Annuler

À : SOL

Cc :

Objet : Coucou Sol !

… Alors, Sol, tu peux imaginer comme j'étais mal après. J'ai essayé de me rappeler nos conversations. Et j'ai réalisé que c'était là que l'œuf se cassait à chaque fois : quand j'introduisais le sujet du patinage ! Elle doit avoir ses raisons pour y être aussi allergique. Un mauvais souvenir, une chute ou quelque chose comme ça. Sauf que moi, je ne suis pas une fille de VIP qui a beaucoup voyagé, comme elle : la Magic fait partie des rares choses vraiment intéressantes dans ma vie. Je ne lui en parlerai plus, puisque ça l'ennuie tant. Mais je suis certaine que nous ne pourrons jamais devenir des amies proches !
Bisous. À plus !

Miss Frizz

P.-S. : Je t'envoie les devoirs des derniers jours.
P.P.-S. : Et aussi le croquis de ton costume. Ça te suffit comme quantité de volants, ou tu veux que j'en rajoute encore un peu ?

7. Je t'attends sur la glace, baby !

– Allez, Alex, j'en ai pour cinq minutes. J'envoie ce mail et je te laisse tranquille…

– Oui, ben, demain ! Quand tu écris les derniers potins à Solène, cinq minutes, ça devient trois quarts d'heure !

– N'importe quoi ! Il n'est pas question de potins, mais des devoirs de classe que je suis chargée de lui transmettre. Et aussi de la chorégraphie du Gala Surprise.

Alex se lève en soufflant comme un cheval :

– Quelle enquiquineuse, quand tu t'y mets ! Maman ! Quand est-ce que vous achetez un ordinateur à Miss Frizz, qu'elle arrête de me tanner pour se servir du mien ?

– Excellente idée, grand frère chéri ! dis-je tout en m'asseyant face à l'écran.

Alex prend une autre chaise et s'installe à côté de moi.

– Qu'est-ce que tu fabriques ? Tu m'espionnes ?

– Les enfants ne doivent pas être laissés sans surveillance devant un ordinateur.

– Je te jure que je ne lis pas tes messages.

Il s'éloigne d'environ un mètre :

– OK, mais je ne sors pas d'ici... Alors, tu te dépêches ?

– Pff ! Avec toi qui me surveilles comme ma maîtresse pendant les dictées, je n'arriverai pas à me concentrer...

En réalité, je ne sais pas comment

raconter à Solène que son personnage, la patineuse douée, jalousée, mais surtout vaniteuse, tourne de plus en plus à la caricature. À vrai dire, je ne fais rien pour éviter cette fâcheuse tendance : quand Violette joue le rôle de Solène pendant les répétitions, elle est si drôle qu'on est tous pliés en deux ; et c'est comme si un diablotin nous soufflait plein de nouveaux gags tordants… mais féroces.

Même Élisa est perplexe.

– Solène doit avoir un grand sens de l'humour pour avoir accepté d'interpréter cette oie naïve et ridicule, nous a-t-elle dit hier, après avoir assisté aux premières répétitions.

– Elle nous a laissé carte blanche, ai-je expliqué.

– Oui, et puis elle n'aura aucun mal à jouer ce rôle ! Il lui correspond tout à fait…, a ricané Marius, en vraie langue de vipère qu'il sait parfois être.

Violette est intervenue :

– De toute façon, Solène ne jouera pas seulement le rôle d'une coquette prétentieuse. On verra que c'est la meilleure, et qu'au fond nous l'envions toutes. Ainsi, on se moque aussi de nous-mêmes, non ?

– Hum… À votre place, je lui préciserais bien ce qui l'attend, a répliqué Élisa, apparemment peu convaincue.

Violette a haussé les épaules :

– Ada le lui écrira. Pas vrai ?

Facile à dire…

Nouveautés | Boîte de réception | Nouveau mail

Envoyer | Joindre | Brouillon | Orthographe | Annuler

À : SOL

Cc :

Objet : Gala Surprise

Solène !

Si, sur les pistes, tu entends tes oreilles siffler, ce n'est pas le vent, ce sont les Perce-Neige qui parlent de toi. Aujourd'hui, justement, nous disions : « Quelle fille épatante ! Elle est douée, jolie, mais aussi spirituelle et capable de prendre les plaisanteries avec bonne humeur ! » Je parie que tu vas bien rigoler quand tu découvriras le rôle que tu dois jouer au Gala Surprise… Je ne te donne pas plus de détails, car Violette préfère que tu le voies directement sur la glace.

Maman a trouvé au marché un rouleau de tulle blanc avec des

brillants incrustés, et mamie Cloche-pied est déjà au travail sur ta tenue. Je lui ai donné tes mensurations et elle s'est exclamée : « Quelle belle silhouette ! Ce costume lui ira à merveille ! » Et, si cette « madame Critique-Tout » l'affirme, tu peux la croire !

Avec Uli, tout va bien. C'est-à-dire très mal ! Nous sommes toujours à côté en classe, mais nous nous parlons peu, et de choses sans importance. Quelle drôle de fille ! C'est comme si elle s'était tellement habituée à être triste que, désormais, elle ne sait plus se comporter autrement. Aujourd'hui, pour la première fois, son père est venu la chercher. Il est grand et maigre comme sur les photos que Vickie nous a montrées, mais je ne m'attendais pas à ce qu'il soit si vieux. Il a plus l'air d'un grand-père que d'un papa.

La maîtresse s'est fait dédicacer un CD qu'elle a sorti de sa sacoche. Elle devait se le trimballer depuis des semaines pour l'avoir sous la main au cas où elle croiserait le Maestro ! Ensuite, elle m'a désignée en lui disant : « Ulrike s'est adaptée sans problème. Elle s'entend très bien avec Ada. » Tu parles ! J'avais envie de rigoler...

Bisous,

Miss Frizz.

P.-S. : Aujourd'hui, pas de devoirs, mais révise la géométrie... Je sens que Mme Lemaire nous concocte un contrôle surprise !

Clic. J'envoie le message. Je laisse l'ordinateur à Alex et je retourne dans ma chambre.

Je ne suis pas fière de moi. Quelle hypocrite je fais, quand même ! Au lieu d'écrire la vérité à Solène, je lui ai passé de la pommade. Et si, à son retour, elle se vexe ? Le Gala Surprise tombera à l'eau, et elle sera fâchée pour de bon avec les Perce-Neige. Surtout avec moi. Bravo, Ada : tu es sur le point de gâcher ton amitié avec Solène, qui dure depuis cinq ans. Celle avec Ulrike, tu l'as gâchée alors qu'elle commençait à peine. Eh bien, ma vieille, pas la peine de te plaindre si tu te sens seule après !

Maman m'appelle d'en bas :

– Adinette, tu te rappelles à quelle heure tu dois aller chez le dentiste ? L'agenda de mon portable ne fonctionne plus.

– Non. Mais je l'ai peut-être écrit sur mon cahier de textes. Attends, je regarde.

Je plonge la main dans mon cartable en cherchant à tâtons. Trouvé. Sauf que celui que je sors n'est pas mon agenda tout abîmé et plein de petits papiers. C'est celui, presque neuf et bien tenu, d'Ulrike d'Aurécourt, CM2 A. On a dû les échanger sans s'en rendre compte quand on a bouclé nos cartables en vitesse juste avant la sortie.

Il ne manquait plus que ça ! Déjà qu'elle me prend pour une idiote, que dira-t-elle lorsqu'elle verra la photo que Violette m'a offerte ? Celle de Jamal Othman, le patineur le plus beau du monde, avec des petits cœurs dessinés, et une bulle où elle a écrit : « Je t'attends sur la glace, baby ! »

Bon, du calme : Ulrike n'est pas du genre à fouiller dans les affaires des autres. D'ailleurs, moi non plus.

Pourtant, la tentation est grande…

Non, je ne veux pas, je ne dois pas. Vite, vite, je remets l'agenda d'Ulrike dans mon cartable. Si vite qu'une image glissée entre les pages tombe par terre. Une photo ! Alors, elle aussi, elle met des papiers dans son agenda ! Sauf que, là, c'est une vraie photo, pas une photo trouvée sur Internet comme celle de Jamal. Je pourrais la ramasser en fermant les yeux pour éviter de la regarder. Mais il ne faut pas trop m'en demander non plus. Je la fixe durant quelques secondes, et je n'en crois pas mes yeux : on y voit Ulrike, plus petite que maintenant (à 8 ans environ), sur… une paire de patins à glace !

Elle a un tutu bleu à volants et, autour du cou, une médaille avec un ruban blanc et rouge, comme les petits drapeaux qu'on aperçoit derrière elle. Une jeune femme blonde est penchée sur Ulrike, leurs visages sont collés l'un contre l'autre, et toutes deux sourient d'un même sourire. On dirait une rose et son bouton sur le point d'éclore. C'est sa mère, ça ne fait aucun doute. Quand elle était là, Ulrike était joyeuse. Elle patinait et elle remportait des compétitions. Et puis… « Quand on n'est plus tous ensemble, même les choses les plus belles deviennent tristes. » C'était tellement simple ! J'aurais dû deviner toute seule.

– Adinette ? Qu'est-ce que tu fabriques ? Tu as trouvé l'heure du rendez-vous ?

– Non, maman, désolée. Ulrike et moi, on a échangé nos agendas par erreur.

– Ah… Dans ce cas, je vais rappeler le cabinet dentaire.

– Maman, est-ce qu'on pourrait en profiter pour faire un saut à la Villa Duchesse ? Comme ça, je rendrai son cahier de textes à Ulrike et je récupérerai le mien.

– Si tu veux. Ce n'est pas trop loin du cabinet. N'oublie pas de te laver les dents, ma chérie.

Je ne résiste pas au désir soudain d'aller me blottir contre elle et de lui faire un bisou. Comme c'est bon d'avoir une maman en chair et en os, et pas seulement en photo !

– Voilà ton agenda, Uli.

– Merci. Voici le tien. C'est gentil d'être passée.

Nous sommes dans sa chambre, à la Villa Duchesse. Autrefois, c'était le château d'un noble du coin. Maintenant, c'est un hôtel cinq étoiles, au cœur d'un immense parc qui, dans deux mois, se couvrira d'une multitude de fleurs aux couleurs éclatantes. Mais, en cette sombre fin d'après-midi de février, il n'y a pas grand-chose à voir. Les d'Aurécourt y ont loué deux suites : une pour le papa d'Ulrike, et une pour elle et sa gouvernante.

Mlle Else a insisté pour que maman prenne un thé dans le salon, tandis que nous échangeons nos agendas.

La chambre d'Ulrike est d'un luxe inouï : mobilier d'époque, rideaux de velours, tapis un peu partout. Le petit fauteuil sur lequel je suis assise doit coûter plus cher que tous les meubles de ma chambre réunis. Seuls les livres et les cahiers d'Ulrike indiquent que nous ne sommes pas dans une salle de musée.

Elle me tourne le dos pour feuilleter son agenda. Elle veut sans doute vérifier si la photo s'y trouve toujours. Je lui avoue :

– Elle est tombée, et je l'ai regardée. Je ne l'ai pas fait exprès.

Elle se retourne brusquement vers moi, en pinçant les lèvres. Je parle à toute allure :

– Écoute, je ne suis pas l'idiote que tu crois. Ou peut-être que si, parce que j'aurais dû comprendre avant de voir la photo.

Ulrike semble presque soulagée, et un petit sourire triste se dessine sur son visage. Elle se dirige vers la fenêtre.

– Ma maman était une patineuse de haut niveau lorsqu'elle était jeune, dit-elle. Une championne, même : Annette Kramer ; peut-être que tu en as entendu parler. Elle avait abandonné la compétition pour suivre papa dans ses déplacements, mais elle souhaitait me transmettre son amour de la glace. Elle a été mon professeur, et moi je voulais y arriver parce que… parce que c'était une autre façon de lui dire combien je l'aimais… Si tu savais comme elle me manque…

Sa voix se brise, et j'ai l'impression qu'elle va pleurer, mais elle se reprend :

– Peut-être que j'ai tort de vouloir effacer ou m'éloigner de tout ce qui me fait penser à elle. Mais j'ai trop peur de souffrir. Si je retournais sur la glace sans elle, je crois que je ressentirais encore plus son absence.

J'ai la gorge serrée par l'émotion. Durant quelques instants, je reste silencieuse. Puis je finis par balbutier :

– Uli, je… je ne peux pas comprendre ce que ça fait, de perdre une personne aussi importante… Mais, si ta maman est devenue un ange, peut-être que le meilleur moyen de lui dire encore que tu l'aimes, c'est de recommencer à patiner…

À travers les larmes qui embuent mon regard, je vois celles qui brillent dans les yeux clairs d'Uli.

– Ce serait tellement bien ! me dit-elle en éclatant en sanglots.

Je me dirige vers elle et je la serre fort dans mes bras :

– Ça ne *serait* pas bien. Ça *sera* bien.

Nous restons ainsi plusieurs secondes. Puis Uli sèche ses larmes et me sourit :

– Il faut encore que j'y réfléchisse… Comment s'appelle ton école de patinage ?

8. Mauvaise surprise pour le Gala

En classe, les tables sont à présent presque toutes occupées. La grippe fait moins de victimes, les montagnards sont de retour, et le CM2 A a retrouvé son apparence habituelle.

Mais, depuis quelques jours, il y a du changement : une toute nouvelle Ulrike.

Maintenant, elle parle avec tout le monde, elle est à l'aise et détendue. Elle a même des yeux rieurs !

Solène, qui est revenue tellement bronzée que son visage ressemble à une tête de panda (en négatif), va à sa rencontre, toute joyeuse :

– Alors, ça y est ? Demain, tu seras avec nous ?

– Oui ! À ce qu'il paraît, je vais être la sixième Perce-Neige. J'ai fait des essais dans votre école, et Max et Élisa ont décidé de me mettre dans votre groupe. Je ne sais pas si je pourrai suivre le cours jusqu'à la fin de l'année, mais, tant que papa restera ici, je patinerai avec vous.

– Encore heureux qu'elle n'avait pas chaussé de patins depuis un an ! j'ajoute. Sinon, elle serait directement tombée entre les griffes d'Agathe. Dommage qu'on n'ait pas vu la tête du Boss quand il a appris qu'Uli était la fille d'Annette Kramer !

Hier, elle m'a raconté la scène par téléphone, en pleurant et en riant à la fois. Elle est allée à la Magic avec son père et sa gouvernante. Si le nom de Philippe d'Aurécourt disait vaguement quelque chose à Max, celui de la maman d'Ulrike l'a beaucoup ému :

– Je l'ai connue, Annette. Nous nous sommes croisés aux championnats d'Europe de 1986. Moi, j'étais en fin de carrière, et elle, en pleine ascension. Tu lui ressembles. Viens avec moi...

Le Boss a conduit Ulrike et son père jusqu'à son bureau, et leur a montré une des vieilles photos qui tapissent les murs : on y voit un groupe d'athlètes qui trinquent ensemble sous une bannière *Copenhague 1986*. Le deuxième en partant de la gauche, c'est Max, les cheveux encore bruns, et maigre comme un clou. Sur la droite, il y a une belle fille grande et svelte, avec une longue tresse : Annette Kramer. Ulrike a senti la main de son père sur son épaule.

– Elle était exactement comme ça quand je l'ai rencontrée, a-t-il murmuré.

– Et elle m'attendait ici, a ajouté Ulrike.

Les Perce-Neige vont avoir leur premier cours à six.

Avant de nous rendre à la Magic, Solène et moi accompagnons Ulrike et Mlle Else chez Sportrend. Notre amie a besoin de s'équiper.

Solène la bombarde de conseils sur les coupes des tutus, les tissus, les marques les plus originales et les plus à la mode, mais Ulrike ne l'entend pas de cette oreille. Elle préfère des choses simples et pratiques.

– Pff, elle est vraiment très « allemande » ! râle Solène, tandis qu'Ulrike essaye des bodys en cabine. Je sens qu'on ne va pas trop être d'accord en matière d'habillement. À propos, Ada, quand est-ce que je pourrai essayer mon costume pour le Gala Surprise ? J'ai hâte de le voir !

– Demain après-midi, si tu veux. On n'a qu'à se retrouver chez ma grand-mère.

– OK. Et il faudrait que tu me donnes plus de détails sur le rôle que vous m'avez attribué. Tu as été tellement mystérieuse !

Je sens mes joues qui s'enflamment :

– Ben, c'est assez, heu... difficile, disons.

– Comme technique ? Bah, ça ne me fait pas peur ! En vacances, j'ai patiné tous les jours pour m'entraîner.

– Non, ce n'est pas ça. Disons que ton personnage est plutôt comique. Très comique, même. C'est le carnaval et...

Solène fronce les sourcils et m'interrompt :

– Comique ? Je suis censée faire rire le public ?

– Oui... Enfin, non. Il ne rira pas de toi, mais de ton personnage. Qui n'est pas toi, enfin, c'est toi qui le joues, mais...

Ulrike est déjà sortie de la cabine et rejoint Mlle Else à la caisse.

– Bon, Solène, mieux vaut qu'on voie ça tout à l'heure, quand on sera sur la glace. Violette t'expliquera tout.

– Et ça fait un an qu'elle n'avait pas patiné ?! commente Marius, en observant Ulrike qui évolue sous nos yeux avec grâce et assurance.

– Oui. Jusqu'à la semaine dernière, elle ne voulait même plus entendre parler de patins, de patinoire, de glace…

– Et après, on dit que je suis bizarre, soupire-t-il.

Violette me fait les gros yeux :

– Ada, tu ne pouvais pas nous amener une nouvelle recrue moins douée ? Pour moi, c'était déjà suffisamment désagréable d'être classée dernière quand les Perce-Neige étaient cinq… Alors, être la sixième !

Élisa a préparé un entraînement progressif pour Ulrike. Pas de sauts ou de pirouettes trop compliqués pour le moment. Mais, avec ses excellentes bases, Ulrike ne sera pas longue à rattraper le niveau.

Elle est en train de faire des tours de piste en pas croisés, et, dès qu'elle prend de la vitesse, elle exécute une arabesque. À chaque tour, elle est un peu plus rapide et fluide dans ses mouvements. Sa tresse dorée flotte derrière elle. De temps à autre, elle ralentit et, sur son visage, je vois réapparaître l'ombre de tristesse des premiers temps. Et puis, elle reprend de l'élan et recommence ses exercices.

Élisa frappe dans ses mains pour nous rappeler à l'ordre :

– Allez, ne restez pas bouche bée à la regarder ! Vous n'avez plus que quelques jours pour préparer le Gala Surprise, et Solène doit encore apprendre son rôle. Violette, tu travailleras avec elle en bout de patinoire.

Vickie et moi échangeons des regards inquiets.

– Vickie, Ada et Marius, vous venez avec moi. On va tâcher d'améliorer les fermetures de sauts. Parfois, vous atterrissez comme des avions de marchandises.

– Parle pour elles, dit Marius. Les sauts, c'est mon point fort. D'ailleurs, un jour, j'inventerai un saut rien qu'à moi. Et je lui donnerai mon nom. Comme l'axel, le salchow, le flip…

Élisa le remet gentiment à sa place :

– « Flip » n'est pas le nom de celui qui l'a inventé. Le patineur en question était américain et s'appelait Bruce Mapes. Comme quoi, tu as encore des choses à apprendre en matière de sauts ! Maintenant, tous en position, et rappelez-vous : les bras toujours ouverts… C'est parti ! Vickie, concentre-toi ! Ada, tu n'es pas bien en équilibre… Contrôle plus tes mouvements !

C'est ce que je fais : je contrôle les mouvements. Pas les miens, ceux de Violette et de Solène, de l'autre côté de la piste. Elles sont en train de discuter. Violette gesticule : elle explique la chorégraphie à Solène. Mon amie écoute, le visage très sérieux. Puis, tout à coup, elle éclate de rire. Je fais un clin d'œil à Vickie. Ouf ! Sauvées !

Dès qu'Élisa nous laisse un instant de pause, nous rejoignons Violette et Solène.

– Alors, ça te plaît ? je lui demande.

– Tu parles ! C'est super ! s'exclame-t-elle.

Je sens que l'enthousiasme de sa réponse est un peu forcé.

– Tu n'es pas… heu… vexée ?

– Pourquoi ? Ce n'est qu'un rôle, non ?

– Bien sûr ! Toute ressemblance avec la

réalité n'est que pur hasard, assure Violette. Allez, retournez vous entraîner ; nous, nous n'avons pas de temps à perdre.

– Ada, Vickie, quel miracle s'est produit ? plaisante Élisa, en nous voyant patiner avec beaucoup plus d'aisance et de concentration que quelques minutes auparavant. Vous êtes allées à Lourdes ?

Pendant ce temps, Violette, un énorme singe en peluche dans les bras, montre pour la troisième fois à Solène une des scènes les plus hilarantes du Gala Surprise : la patineuse chichiteuse, après une pirouette parfaite, s'arrête dans l'attente de la pluie de nounours qui devrait provenir des gradins. Et, à la place, un énorme singe lui tombe dessus, lancé par dépit par la plus jalouse des concurrentes ! Elle l'attrape au vol et perd l'équilibre.

Lors des répétitions, cette scène fonctionnait très bien. Là, il semble qu'il y ait quelques difficultés… Solène exécute une pirouette impeccable, mais, dès qu'elle a la peluche en main, elle s'arrête net.

– Peut-être que je n'ai pas bien compris ce que je devais faire, admet-elle.

– Je te l'ai expliqué quatre fois ! s'écrie Violette.

– Hé, doucement, je ne suis pas sourde ! C'est juste que ces mouvements sont… heu… disgracieux, voilà… Ça ne me vient pas du tout naturellement.

– Ils ne sont pas disgracieux. Ils sont COMIQUES ! Tu es là pour faire rire !

– Mais je ne suis pas une comique !

Violette essaye de garder son calme :

– Solène, tu es le personnage principal. Nous n'aurions sans doute pas dû te confier un rôle aussi difficile les yeux fermés, mais c'est trop tard pour changer. Tu dois t'efforcer d'être ridicule, même si c'est contre ta nature !

Elle lui montre encore une fois les mouvements de la chorégraphie : attraper le gros singe, puis tituber un peu, comme si elle était sur le point de tomber. Solène, sérieuse, se remet en position. Un, deux, trois croisés, puis une pirouette assise.

Après les tours, elle se relève et s'arrête, les bras ouverts.

– Attention ! crie Violette, en lui jetant la peluche.

Solène l'intercepte en plein vol ; elle se cambre en arrière et commence à onduler de droite à gauche.

– Oui, comme ça ! Tu vois que tu y arrives ! exulte Violette.

Solène lui lance un regard désespéré. Elle n'est pas en train de faire semblant… Et, avant que Violette ou Élisa n'ait pu l'aider, BAM ! elle s'étale de tout son long.

– On dirait que le sacrum a pris un coup. Un sale coup même, marmonne le Boss en sortant de l'infirmerie.

Il n'est pas médecin, mais il en a vu, des chutes !

– Élisa, s'il te plaît, appelle le docteur Laurent. Où est-il, ce vagabond de Pierre, quand on a besoin de lui ?

À chaque fois que quelqu'un se fait mal, Max s'en prend à son fils, Pierre, qui est

parti soigner des enfants à l'autre bout du monde, en laissant les élèves de la Magic aux bons soins du docteur Laurent. C'est un très gentil médecin, mais il a l'habitude de soigner des joueurs de foot.

Ulrike, debout devant l'infirmerie avec les autres Perce-Neige, s'avance :

– Ma gouvernante a été infirmière dans une clinique de traumatologie à Berlin. Elle pourrait examiner Solène, en attendant le docteur.

Mlle Else, qui attend la fin du cours dans l'entrée, est ravie d'interrompre sa lecture pour se rendre utile. Elle se lave les mains, s'approche de Solène, lui fait bouger les bras, les jambes, les pieds, et l'interroge.

Violette, qui épie la scène depuis la porte entrebâillée, se ronge les sangs.

Mlle Else confirme le verdict de Max, mais recommande d'aller aux urgences : mieux vaut faire une radio, car il s'agit peut-être d'une fracture du coccyx, ce petit os situé à l'extrémité de la colonne vertébrale. Déborah, déjà prévenue, arrive en taxi ; sa voiture est à la fourrière. Ulrike leur propose sa luxueuse voiture avec chauffeur pour se rendre à l'hôpital. Elle et sa gouvernante rentreront à la résidence en taxi.

– Très classe, cette fille, commente Marius.

– Les médecins parlent de contusion, ou de confusion, me rapporte Solène, le soir même, au téléphone. Je n'ai pas bien compris.

– Et tu te sens mieux ?

– J'ai du mal à m'asseoir. J'arrive à marcher, mais pas à me plier. Si tout va bien, ça devrait passer en deux, trois semaines. Quelle tuile, hein ? Quinze jours sur les pistes sans un bleu, et il faut que je tombe à la Magic…

– Tomber ? On aurait plutôt dit que tu voulais creuser un puits de pétrole avec ton derrière !

– C'est une blague de Violette ?

– Non, tu sais, elle n'était pas d'humeur à blaguer. Elle se sent coupable de ce qui est arrivé. Et il n'y a pas qu'elle.

– Je vous ai mis dans un sacré pétrin pour le Gala Surprise. Pile l'année où c'est aux Perce-Neige de préparer le spectacle.

– Tu n'y es pour rien.

– Pourquoi vous ne demandez pas à Uli de me remplacer ?

– Quoi ? Uli ? Non, elle est trop sérieuse. Dans le rôle de la coquette narcissique, elle ne sera pas crédible. Enfin… Ne va pas imaginer que…

– Laisse tomber, va. Je ne suis pas idiote. J'avais compris que vous vous moquiez de moi… De toute façon, je ne vous aurais pas lâchés, puisque je vous avais promis de participer au spectacle.

– Oh, Sol ! Quelle bande de nuls on a été ! On s'est laissé prendre au jeu. Mais on ne voulait pas te faire de la peine.

– Ben, moi aussi, j'ai eu tort. J'ai voulu trop de choses : profiter de mes vacances, participer au Gala Surprise sans aider à la préparation, avoir un costume de rêve…

– Oh, ça, tu l'auras. Ma grand-mère l'a presque fini.

– C’est vrai ? Tu crois que je pourrai le porter pour une vraie compétition ?

– Heu… Oui, si tu as l’intention de participer à un concours d’œufs de Pâques !

9. Un pour tous, tous pour rire !

Carnaval à la Magic : le coup d'œil est impressionnant. Vue des gradins, la patinoire ressemble à un étang. Des groupes d'enfants déguisés évoluent comme des bancs de poissons multicolores. Ici et là, on aperçoit un plus gros poisson : un entraîneur, une maman, une animatrice. Au bout de la piste, Élisa, habillée en Robin des Bois, maquille les plus jeunes. Trois ou quatre filles du groupe des Aurore ne cessent d'aller et venir : elles changent la musique, offrent des ballons et aident ceux qui ne sont pas très à l'aise sur des patins.

Chaque élève a invité un copain, qui, le soir même, suppliera ses parents de l'inscrire à un cours de patinage artistique. Avec Solène, c'est ce qui est arrivé, il y a trois ans. Pour le moment, mon amie est assise dans un fauteuil, et nous nous relayons pour l'approvisionner en soda, pop-corn… et derniers potins.

De temps à autre, on voit le Boss passer parmi les invités. Aujourd'hui, il s'est déguisé… en Big Boss ! C'est-à-dire en chef gangster des années 1930, avec un costume noir à fines rayures, un chapeau noir, un faux gros ventre et un cigare (éteint). À la buvette, il y a Agathe. Elle est vêtue en Hollandaise ; on dirait quand même la reine des neiges qui essayerait de passer inaperçue.

Nous, les Perce-Neige, disparaissons dans la salle d'échauffement pour nous préparer avant le spectacle.

Sur la patinoire, on vient de remettre le prix du meilleur costume à un groupe de cinq enfants déguisés… en vague ! Ils patinent tous ensemble d'avant en arrière, recouverts d'un long morceau d'étoffe bleu-vert, constellé de coquillages et d'algues. L'effet est vraiment spectaculaire.

Du haut-parleur, la voix d'Élisa invite tout le monde à s'installer sur les gradins pour assister au Gala Surprise :

– Cette année, les Perce-Neige sont à l'honneur ! Je vous demande de les applaudir bien fort ! Ils ont conçu un spectacle dans lequel ils ont voulu conjuguer technique et humour, avec, d'ailleurs, une bonne dose d'autodérision !

Tout au bord de la piste ont été disposées une chaise et une table sur laquelle est placée une grosse pancarte où est écrit : *JURY*.

Élisa distribue des peluches aux enfants

assis aux premiers rangs, en leur expliquant à quel moment ils devront les lancer.

Dans le silence général, Marius fait son apparition ; il porte une moustache, des lunettes, et tient un attaché-case sous son bras. Il patine jusqu'à la table du jury et s'assoit en prenant un air extrêmement sévère. Quelques rires fusent dans le public.

Les premières notes du *Canon* de Pachelbel retentissent, et Violette, Vickie et moi (les concurrentes) entrons l'une après l'autre, en affichant une mine des plus renfrognées. Toutes trois vêtues d'un body avec une simple jupette blanche, nous nous présentons devant le juge, qui nous observe d'un œil noir, et nous commençons à nous faire des grimaces.

C'est alors qu'arrive la quatrième patineuse. Des gradins, on entend monter un murmure d'étonnement. Vêtue d'un tutu extravagant, vaporeux, scintillant, avec un énorme nœud sur le derrière, semblable à celui (presque aussi grand) qui orne ses boucles couvertes de gel pailleté, elle ressemble à une pièce montée.

– Mais ce n'est pas Solène Gauthier ! s'exclame une fillette au premier rang.

– Non, c'est Uli, la nouvelle Perce-Neige. Solène s'est blessée…, lui répond sa voisine.

Ulrike s'aligne à nos côtés. Elle regarde nos tenues avec une moue dédaigneuse, puis elle sort de son body un miroir de poche et se contemple, en extase.

Légère comme une plume, elle enchaîne une élégante séquence de pas et de petits sauts, mais de temps à autre elle s'arrête pour prendre une pose de starlette. Les enfants rigolent de bon cœur. Notre amie, qui d'habitude est tellement mesurée dans ses gestes, trouve des mimiques dignes d'un clown. Même nous, nous avons du mal à garder notre sérieux dans nos rôles d'envieuses dépitées. Pourtant, tout se déroule parfaitement, y compris le gag du gros singe, qu'Ulrike améliore encore avec des grimaces hilarantes. Durant le final, le juge Marius se fâche : il bondit de sa chaise et

exécute un solo presque acrobatique qui laisse le public pantois. Nous, les quatre concurrentes, finalement unies contre lui, nous nous mettons à le pousser, puis nous l'emprisonnons en formant un cercle autour de lui. Marius, comme hypnotisé, commence à tourner sur lui-même et effectue une superbe pirouette combinée, tandis que la musique s'achève.

Nous nous donnons tous la main et saluons le public, sous un tonnerre d'applaudissements.

Les enfants déchaînés nous rappellent en frappant des pieds. Max et Élisa discutent en rigolant, et même Agathe esquisse un demi-sourire ; pour elle, c'est déjà énorme.

Rouges et fiers, nous échangeons des regards tout en saluant à nouveau.

Dans son fauteuil, Solène a les yeux brillants, mais c'est seulement parce qu'elle a ri aux larmes.

– Et voilà ! Mes prises de vues s'arrêtent là, me dit Alex.

On est dimanche matin : papa et maman sont déjà affairés à La Viennoise. Après le petit déjeuner, mon frère m'a exceptionnellement invitée dans sa chambre pour me montrer en avant-première le film du Gala Surprise qu'il a réalisé hier après-midi et qu'il vient de charger sur son ordinateur.

– C'est super ! Quel travail de pro ! Merci !

Je me jette sur mon frère pour l'embrasser. Il me repousse :

– Arrête ton cirque ! Si je n'avais pas voulu tester la caméra que j'ai eue à Noël, je serais resté à la maison. Je commence à être un peu grand pour ce genre de fêtes.

– Mais oui, c'est ça ! Fais ton gros dur, va ! Ton film est tout simplement génial ! J'ai trop hâte de le montrer aux autres !

– À partir de demain, ils pourront le regarder autant qu'ils le voudront sur Internet.

– Tu veux dire que tout le monde va nous voir ? Waoouhhh !

– Calme ta joie, Miss Frizz. Tu n'imagines pas le nombre de vidéos de ce genre qu'on trouve sur la Toile ! Mais, bon, il faut reconnaître que vous avez été assez brillants, pour votre âge.

– Surtout chanceux ! Sans Uli, je ne sais pas comment nous nous en serions tirés. Elle a appris le rôle en quelques jours, et elle l'a même amélioré !

– C'est vrai qu'elle a su trouver des mimiques incroyables. Moi aussi, elle m'a fait rire.

– J'avais remarqué ! Par moments, les images tremblotent !

– Oui. D'ailleurs, je pourrais mettre un petit commentaire avec la vidéo pour expliquer que ce défaut est dû aux talents comiques d'Ulrike d'Aurécourt !

– Bonne idée ! Et puis, écris aussi que Solène n'a pas pu participer parce qu'elle a fait une mauvaise chute. Et aussi des remerciements à Élisa, qui nous a aidés à préparer la chorégraphie. Ah, et j'oubliais mamie Cloche-pied ! C'est elle qui a cousu cet incroyable costume sur mesure pour Solène, et elle a réussi à l'adapter en deux temps, trois mouvements aux mensurations d'Uli, qui est pourtant beaucoup plus grande !

– J'ai parlé d'un commentaire, pas d'un roman.

– Oh, Alex, pour une fois que je te demande un petit service…

Mon frère me regarde fixement :

– Ça t'ennuie si je charge un truc ?

Tout excitée, je m'exclame :

– Quoi ? Un film ?

– Pas vraiment.

Il me charge sur son épaule et sort de sa chambre, puis me laisse m'écrouler sur le sol comme un sac de patates.

Heureusement, je sais tomber.

Retrouve Ada

et le groupe des Perce-Neige dans

Miss Frizz

Tome 1

Tome 2